高等职业教育"十二五"规划教材

Qiche Dianqi yu Dianzi Kongzhi Xitong
汽车电器与电子控制系统

罗小青　黄云奇　主　编
毛　丽　莫树懂　副主编
　　　　李　燕　主　审

人民交通出版社股份有限公司
China Communications Press Co.,Ltd.

内 容 提 要

本书共十一个项目,主要内容包括:汽车电器与电子控制系统概述、汽车电源系统、汽车起动系统、汽车照明与信号系统、汽车仪表信息系统、汽车辅助电器系统、汽车空调系统、汽车安全气囊系统、汽车中央门锁与防盗系统、汽车巡航控制系统、汽车底盘电控系统等,每个项目中均明确了知识目标和能力目标,重点介绍各个系统的功用、组成、安装位置、基本原理、基本性能检查及使用维护等。考虑到培养学习者的逻辑思维能力和后续学习能力,在项目内容中安排有拓展知识学习。同时,每一个项目中配有检查学习效果的思考练习题。

本书适合高等职业汽车营销技术专业、汽车运用技术专业、汽车保险与理赔专业、汽车整形技术专业作为教学使用,也可作为汽车行业岗位培训用书以及汽车从业人员的自学用书。

图书在版编目(CIP)数据

汽车电器与电子控制系统 / 罗小青,黄云奇主编. ——北京:人民交通出版社股份有限公司, 2015.2
高等职业教育"十二五"规划教材
ISBN 978-7-114-11954-5

Ⅰ.①汽… Ⅱ.①罗… ②黄… Ⅲ.①汽车–电气设备②汽车–电子系统–控制系统 Ⅳ.①U463.6

中国版本图书馆 CIP 数据核字(2015)第 003545 号

高等职业教育"十二五"规划教材
书　　名:汽车电器与电子控制系统
著 作 者:罗小青　黄云奇
责任编辑:袁　方
出版发行:人民交通出版社股份有限公司
地　　址:(100011)北京市朝阳区安定门外外馆斜街 3 号
网　　址:http://www.ccpress.com.cn
销售电话:(010)59757973
总 经 销:人民交通出版社股份有限公司发行部
经　　销:各地新华书店
印　　刷:北京鑫正大印刷有限公司
开　　本:787×1092　1/16
印　　张:10.25
字　　数:238 千
版　　次:2015 年 2 月　第 1 版
印　　次:2018 年 12 月　第 3 次印刷
书　　号:ISBN 978-7-114-11954-5
定　　价:28.00 元

(有印刷、装订质量问题的图书由本公司负责调换)

前 言

《汽车电器与电子控制系统》一本是针对高等职业汽车营销技术专业、汽车运用技术专业、汽车保险与理赔专业、汽车整形技术专业而编写的教材。教材紧紧围绕高素质技能型专业人才的培养目标，依据岗位职业能力要求进行编写，以国内使用的典型车型为对象，重点介绍汽车电器与电子控制系统的功用、组成、分类、基本工作原理、在车上的安装位置、基本性能检查及使用维护等内容，教材内容具有针对性、实用性及先进性。

本书由广西交通职业技术学院罗小青、黄云奇担任主编，湖南交通职业技术学院毛丽、广西交通职业技术学院莫树懂担任副主编，广西交通职业技术学院李燕担任主审。全书由罗小青统稿。项目一由广西交通职业技术学院罗杰斌编写；项目二、项目三由广西交通职业技术学院史俊涛编写；项目四、项目五由广西交通职业技术学院陶勇编写；项目六由黄云奇编写；项目七由罗小青、毛丽编写；项目八由广西交通职业技术学院莫树懂编写；项目九、项目十由广西交通职业技术学院雷艺编写；项目十一由广西交通职业技术学院杨广柱编写。

本书在编写过程中，编者参阅了大量的文献资料，在此，对这些文献资料的作者表示诚挚的谢意！由于编者水平有限，书中难免有不足之处，恳请读者对本书提出宝贵意见和建议。

编　者

2014 年 11 月

目 录
CONCENTS

项目一 汽车电器与电子控制系统概述 ··············· 1
  模块一 汽车电器与电子控制系统的组成与作用 ··············· 1
  模块二 汽车电路基础知识 ··············· 2
  模块三 汽车电器与电子控制系统基础元件 ··············· 7
  模块四 检测常用的工具和仪器 ··············· 10
  思考练习题 ··············· 11

项目二 汽车电源系统 ··············· 13
  模块一 汽车电源系统概述 ··············· 13
  模块二 汽车蓄电池 ··············· 14
  模块三 汽车发电机 ··············· 22
  思考练习题 ··············· 28

项目三 汽车起动系统 ··············· 31
  模块一 汽车起动系统概述 ··············· 31
  模块二 起动机的组成及类型 ··············· 32
  模块三 汽车起动机的结构与基本原理 ··············· 33
  模块四 汽车起动机的工作过程及使用 ··············· 37
  思考练习题 ··············· 38

项目四 汽车照明与信号系统 ··············· 41
  模块一 汽车照明系统的组成与作用 ··············· 41
  模块二 汽车前照灯 ··············· 42
  模块三 前照灯的电子控制装置 ··············· 49
  模块四 汽车信号系统 ··············· 51
  思考练习题 ··············· 54

项目五 汽车仪表信息系统 ··············· 56
  模块一 汽车仪表信息系统的组成与作用 ··············· 56
  模块二 汽车仪表装置 ··············· 57
  模块三 汽车信息装置 ··············· 59
  模块四 汽车仪表信息系统常见符号 ··············· 61

思考练习题 ··· 63

项目六　汽车辅助电器系统 ··· 65
　　模块一　电动刮水器与风窗洗涤器 ··· 65
　　模块二　电动车窗 ··· 68
　　模块三　电动后视镜 ·· 70
　　模块四　电动座椅 ··· 72
　　模块五　倒车雷达 ··· 74
　　思考练习题 ··· 78

项目七　汽车空调系统 ··· 80
　　模块一　汽车空调系统概况 ··· 80
　　模块二　汽车空调系统的结构与原理 ··· 82
　　模块三　汽车空调的调节方式 ··· 93
　　模块四　汽车空调系统的维护 ··· 95
　　思考练习题 ··· 99

项目八　汽车安全气囊系统 ·· 101
　　模块一　汽车安全气囊系统概述 ··· 101
　　模块二　汽车安全气囊系统的组成及工作原理 ·· 103
　　思考练习题 ··· 108

项目九　汽车中央门锁与防盗系统 ·· 110
　　模块一　汽车中央门锁系统 ·· 110
　　模块二　汽车防盗系统 ·· 116
　　模块三　典型汽车电子防盗系统 ··· 119
　　思考练习题 ··· 122

项目十　汽车巡航控制系统 ·· 124
　　模块一　汽车巡航控制系统概述 ··· 124
　　模块二　机械拉索式汽车巡航控制系统 ··· 125
　　模块三　电子式汽车巡航控制系统 ·· 128
　　思考练习题 ··· 132

项目十一　汽车底盘电控系统 ··· 134
　　模块一　汽车制动防抱死系统 ·· 134
　　模块二　汽车电控驱动防滑系统 ··· 139
　　模块三　汽车电子稳定程序控制系统 ·· 143
　　模块四　汽车电控动力转向系统 ··· 146
　　模块五　汽车电子控制悬架系统 ··· 150
　　思考练习题 ··· 153

参考文献 ··· 156

项目一　汽车电器与电子控制系统概述

知识目标

1. 掌握汽车电器与电子控制系统的组成；
2. 理解汽车电路的组成与特点；
3. 熟悉汽车电器与电子控制系统基础元件；
4. 理解汽车电器与电子控制系统的检测工具及设备。

能力目标

1. 能正确指出汽车电器与电子控制系统基础元件在实车上的安装位置；
2. 知道点火开关的正确使用方法。

模块一　汽车电器与电子控制系统的组成与作用

汽车电器与电子控制系统是汽车的重要组成部分,其工作性能的优劣直接影响汽车的动力性、经济性、安全性、舒适性等。汽车的品牌型号繁多,但汽车电器与电子控制系统的组成及工作原理是有共性的。

一、电源系统

汽车电源系统包括蓄电池、发电机。电源系统的作用是向汽车用电设备提供低压直流电能,以保证汽车在行驶中和停车时的用电需要。

二、起动系统

起动系统的作用是通过起动机带动发动机以足够高的转速运转。

三、点火系统

点火系统的作用是将低压电转变为高压电,在火花塞间产生电火花点燃汽缸内的可燃混合气。

四、照明与信号系统

照明与信号系统的作用是照明道路,标示车辆宽度,照明车厢内部、仪表以及夜间车辆检修等。

五、仪表信息系统

汽车仪表信息系统的作用是汽车与驾驶员进行信息交流的界面,为驾驶员提供必要的汽车运行信息,同时也是维修人员发现和排除故障的重要工具。

六、辅助电器系统

辅助电器系统包括电动刮水器和风窗洗涤器、电动车窗、电动后视镜、电动座椅、倒车雷达等。其作用是提高车辆行驶的安全性、乘坐的舒适性等。

七、汽车空调系统

汽车空调系统的作用是对车内空气的温度、湿度、流速、清洁度等进行调节,保证驾乘人员在任何外界气候和条件下都处于舒适的环境中,并能够防止车窗上产生雾和霜,以确保驾驶员视线清晰。

八、汽车安全气囊系统

安全气囊的作用是在车辆发生碰撞后迅速在乘员和车内部件之间打开一个充满气体的气囊,让乘员扑在气囊上,以达到保护乘员的目的。

九、汽车中央门锁与防盗系统

汽车中央门锁与防盗系统包含了中央门锁控制与防盗系统控制两部分,中央门锁系统具有钥匙联动闭锁和开锁功能以及钥匙占用预防功能;防盗系统可以使汽车处于防盗预警状态时,如盗贼企图撬开车门强行进入车内,或者非正常打开发动机舱盖、行李舱盖,或者非法搬运汽车时和使用非法钥匙起动汽车时,防盗系统会使防盗喇叭发出警告声,前照灯和尾灯会闪烁,并且控制发动机熄火停转,达到报警防盗的目的。

十、汽车巡航控制系统

巡航控制系统能够使汽车自动地以恒速行驶,使发动机的运行工况变化平稳,以改善汽车的燃料经济性和发动机的排放性能,以及汽车的行驶平顺性和舒适性。

十一、汽车底盘电控系统

底盘电控系统主要介绍汽车制动防抱死系统、汽车电控驱动防滑系统、汽车电子稳定程序控制系统、汽车电控动力转向系统、汽车电子控制悬架系统等内容。这些系统可以提高汽车行驶的安全性、操纵稳定性,降低驾驶员操作的疲劳程度。

模块二 汽车电路基础知识

一、汽车电路的组成

(一)汽车电路的基本组成

电路是电流通过的路径。汽车电路由用电设备、电器元件按一定的方式组合起来,如图1-1所示。在汽车电路中,电流从电源正极出发,通过电气负载后回到电源负极(搭铁)。

（二）汽车电路的组成部分

汽车电路一般由电源、负载、保护装置、控制装置和导线等组成。

1. 电源

汽车有两个电源，分别是蓄电池和发电机。

2. 负载

负载是消耗电能的设备或器件。作用是把电能转化成其他形式的能（如热、光、声及机械能等）。例如：汽车上的负载有起动机、电喇叭、照明灯及各种电子控制装置等。

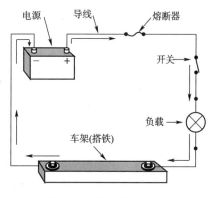

图1-1 汽车电路基本组成

3. 导线

导线的作用是将电路中的各种装置连接起来形成电路。导线是由电阻率很小的金属材料制成的，并且大多数都有绝缘材料作为外包装。导线一般都是铜线，可按其截面积的不同分为多种规格。

4. 保护装置

保护装置是串联在各用电设备的电路中起到保护作用的装置。当某用电设备发生过载、短路或搭铁时，电流将超过规定的电流值，保护装置将切断电路，防止烧坏电路的连接导线和用电设备，并把故障控制并降低在最小的范围内。例如：熔断器就是一种典型的保护装置，汽车中安装熔断器是为了防止电路或元件因搭铁或短路，而烧坏电线束和用电设备，不同类型的汽车上安装有不同规格的熔断器。

5. 控制装置

控制装置是实现电路接通或断开功能的控制元件。例如：汽车各种手动开关、压力开关、温控开关、继电器及电子控制单元等。

二、汽车的串联与并联电路

（一）串联电路

串联电路的特点是把用电设备连接成一串，再接入电路中的连接方式。当电路中的开关闭合时，只有一条通路可以通过电流。用电设备在电路中处于什么位置无关紧要，如图1-2所示。

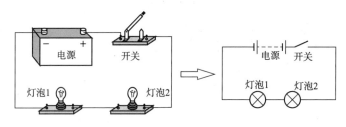

图1-2 串联电路

（二）并联电路

并联电路的特点是把用电器的两端分别连接在一起再接入电路。有一条以上的电流通路。在并联电路中,每一条支路上都加有电源电压,且每个支路上的电压相等,如图1-3所示。

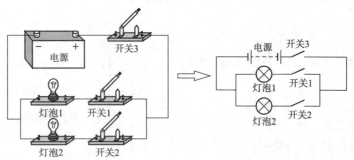

图1-3 并联电路

大多数的汽车电路都是并联电路。并联电路有一个很大的优点:当一个用电设备或支路断开后,其他用电设备或支路仍可正常工作,互不干涉。电路的总电流等于各支路电流之和。

三、汽车电路特点

汽车的品牌和型号繁多,各种汽车电气设备和电子控制系统的数量不等,其安装位置、接线方法等也各有差异,但不论进口汽车还是国产汽车,也不论是载重汽车还是轿车,其电器电路的设计一般都遵循一定的规律。理解这些特点,对学习汽车电器与电子控制系统有很大的帮助。

(一) 单线制

单线制是利用汽车发动机、底盘、车身等金属机件作为各种电器设备的共用连接线(俗称搭铁线),用电设备与电源之间只需使用一根导线。任何一个电路中的电流都是从电源的正极出发,经导线流入用电设备后,通过金属车架流回搭铁的电源负极而形成回路。采用单线制不仅可以节省材料,使电路简化,而且也便于安装、检修,同时也使故障率大大降低。

(二) 电源负极搭铁

负极搭铁是将蓄电池的负极用导线连接到发动机或底盘等金属体上。我国标准中规定发电机、蓄电池必须以负极搭铁。目前,世界各国生产的汽车绝大部分采用负极搭铁方式。

采用负极搭铁方式的优点是:

(1) 汽车车架和车身不易锈蚀;

(2) 汽车电器对无线电设备干扰较电源正极搭铁方式小。

(三) 两个电源

两个电源,即蓄电池和发电机。蓄电池在发动机未运转时或特定情况下向用电设备供电,发动机达到一定转速后,发电机取代蓄电池向用电设备供电,同时对蓄电池进行充电。

(四) 用电设备并联

用电设备并联,是指汽车上的各种用电设备都采用并联方式与电源连接,每个用电设备都由各自串联在其支路中的专用开关控制,互不产生干扰。

（五）低压直流供电

为了简化结构和保证安全,汽车电气设备采用低压直流供电。柴油车大多采用24V电压供电,汽油车采用12V电压供电。

（六）安装有熔断装置

为了防止电路或元件因搭铁或短路而烧坏电线束和用电设备,各种类型的汽车上均安装有熔断装置。这些熔断装置有的串联在元器件回路中,有的串联在支路中。

（七）电路中用电设备通过大电流的操作开关常配用继电器

汽车电路中有些用电设备的用电电流非常大,例如前照灯、电喇叭等,如果直接用操作开关控制电路接通与断开,会使操作开关过早损坏。因此,电路中用电设备通过大电流的操作开关常配用继电器,即采用操作开关控制通过继电器线圈的小电流,由继电器闭合后的触点为用电设备提供大电流。

（八）汽车电路图上有颜色和编号标注

随着汽车用电设备的增加,导线数目也在不断增多,为便于识别和检修电气设备和电子控制系统,电路中的低压线通常由不同的颜色组成,并在汽车电器线路图上用颜色的字母代号标注出。

四、汽车电路的四种状态

电路在不同的工作条件下会处于不同的工作状态,充分了解电路不同的工作状态和特点,对学习和正确使用汽车电气设备是非常必要的。汽车电路通常有通路、开路、短路和接触不良四种工作状态。

（一）通路状态

通路就是电路中的开关闭合,负载中有电流流过。在这种状态下,电源端电压与负载电流的关系可以用电源外特性确定,根据负载的大小,又分为满载、轻载、过载三种状态。负载在额定功率下的工作状态叫额定工作状态或满载;低于额定功率的工作状态叫轻载;高于额定功率的工作状态叫过载。由于过载很容易烧坏电器,所以一般情况都不允许出现过载。

（二）开路状态

开路就是电源两端外的电路某处断开,电路中没有电流通过,电源不向负载输送电能。对于电源来说,这种状态叫空载。开路状态的主要特点是:电路中的电流为零。电源端电压和电动势相等,如图1-4所示。

（三）短路状态

汽车电路最常见的短路现象有:用电器短路、电气系统线路间串线短路、搭铁短路和电源短路四种状态。

1. 用电器短路

用电器设备本身元件击穿故障或用电器的导线相互粘连而造成的短路,如图1-5a)所示。

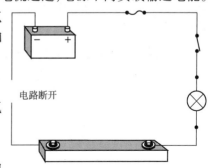

图1-4 汽车电路开路状态

2. 系统线路间串线短路

两个不相连的系统间短路,造成一个系统开关闭合时串电到另一个系统。汽车上常有把单丝灯泡装到双丝的制动灯座上,造成踩制动踏板时仪表灯也跟着亮的现象,如图1-5b)所示。

3. 搭铁短路

汽车导线一般都安装于车体的狭缝中,汽车的颠簸或事故等很容易造成导线外部绝缘层破损而造成搭铁短路,如图1-5c)所示。

4. 电源短路

如果外电路被电阻值近似为零的导体接通,这时电源就处于短路状态,在这种状态下,电路中的电流(短路电流)$I \approx E/R$。我们知道,电源的内阻一般都是很小的,因而短路电流可能达到非常大的数值,这对电源有烧毁的危险,必须避免发生。如图1-5d)所示。

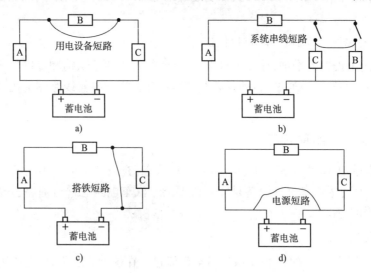

图1-5 汽车电路最常见的短路现象

 拓展知识

防止短路的最常见方法是在电路中安装熔断器。熔断器中的熔断丝是由低熔点的铅锡合金、银丝制成。当电流增大到一定数值时,熔断丝首先被熔断,从而切断电路,保护用电设备。

(四)接触不良(接触电阻过大)状态

由于磨损、脏污等原因,造成线路中的两点之间接触不良,接触电阻超过了允许范围,使得电气设备工作不可靠或性能下降的现象。

以上这四种状态,在我们生活中随处可见,如将电灯的开关合上,电灯点亮,这是一种通路状态;当把开关断开时,电灯熄灭,这是一种开路状态;当电灯时亮时灭,或者点亮时较暗,这是电路某处有接触不良的现象;如果接通电灯电路,同时使冰箱、空调、电饭煲、电视、电脑、音箱、电炒锅等工作,这时候负载比较多,容易出现过载现象,过载时导线容易冒烟起火。

而当两根电源线(火线、搭铁线)绝缘层破损,造成两根导线的金属线碰在一起,就会造成电源短路。此时,如果电路中安装有过电流保护装置,则过电流保护装置立即工作,起保护电路及用电设备的作用。

模块三　汽车电器与电子控制系统基础元件

一、熔断装置

当电路中流过超过规定的电流时,汽车电路熔断装置能够切断电路,从而防止烧坏电路连接导线和用电设备,并把故障限制在最小范围内。汽车上的熔断装置主要有:熔断器、易熔线和断路器。

(一) 熔断器

熔断丝俗称保险丝,用于对局部电路进行保护,能长时间承受额定电流负载,但在超过额定负载25%的情况下,约3min熔断,而在超过额定负载100%时,则不到1s即熔断。结构一定时,流过熔断丝电流越大,熔断时间越短。熔断丝常用的结构类型有片式和管式等,如图1-6所示。

a) 片式熔断器　　b) 管式熔断器　　c) 熔断器符号

图1-6　熔断器

熔断器在使用中应注意以下几点:
(1) 熔断器熔断后,必须真正找到故障原因,彻底排除故障。
(2) 更换熔断器时,一定要用与原规定相同的熔断器。
(3) 熔断器支架与熔断器接触不良会产生电压降和发热现象,如发现支架有氧化现象或脏污,必须及时清理,安装时,要保证良好接触。

 拓展知识

在汽车电路中,一般用手触摸电路连接处,发现电路连接处有发热的现象,一般即为该处有接触不良的故障。

(二) 易熔线

易熔线是一种截面积一定,可以长时间通过额定电流的铜芯或合金导线。用于保护总体线路或较重要电路。如北京切诺基汽车设有五条易熔线,分别保护充电电路、预热加热器电路、雾灯电路、灯光及辅助电路等。

易熔线与一般熔断丝不同之处在于其熔断反应较慢,且导线的结构形式也不同。易熔线由多股绞合线外包耐热性能好的绝缘护套制成,与普通低压导线相比更为柔软,一般长度为50～200mm。通常接在电路起始端,即蓄电池正极端附近,如图1-7所示。

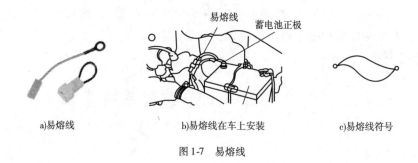

图1-7 易熔线

二、继电器

继电器可以实现自动接通或切断一对或多对触点,用小电流控制大电流,以减小控制开关的电流负荷,保护电路中的控制开关。

汽车上广泛使用继电器,例如汽车电路中的空调继电器、喇叭继电器、雾灯继电器、转向灯闪光继电器、风窗刮水器、清洗器继电器与危险报警等。

汽车上的继电器有很多,常见的有三类:常开继电器、常闭继电器和混合型继电器、继电器的每个插脚都有标号,与继电器插座的插孔标号相对应,如图1-8所示。

三、开关

汽车上各种电气控制系统的工作均受控于开关。例如点火开关,如图1-9所示。点火开关主要用来控制常用电器的电源电路和点火电路,另外,还控制发电机磁场电路、仪表电路、预热、起动电路以及一些辅助电器等。

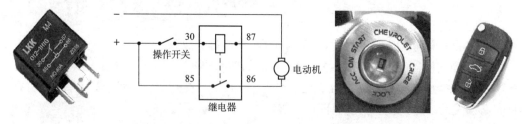

图1-8 继电器　　　　　　　　图1-9 点火开关

常用的点火开关多为三挡位、四挡位或五挡位。三挡位点火开关有"OFF"(关闭)或"LOCK"(锁住转向盘)、"ON"(正常行车)和"START"(起动)3个挡位;四挡位点火开关则在"OFF"和"ON"之间增加了一个"ACC"(专用辅助电器,如收音机、点烟器)挡;而五挡位点火开关则在"ON"和"START"之间加了一挡"HEAT"(预热)挡,用于柴油发动机冷车起动前的预热。其中起动、预热挡因为工作电流很大,开关不宜接通过久,所以这两挡在操作时必须用手克服弹簧力,扳住钥匙,一松手就弹回点火挡,不能自行定位,其他挡位均可自行定位。

此外,现代汽车将很多功能相近的控制系统的开关组合在一起,例如刮水器开关(图1-10)、灯光系统组合开关(图1-11)、空调组合开关(图1-12)、车窗、后视镜开关等(图1-13)。

图 1-10 刮水器开关　　　　　图 1-11 灯光组合开关

图 1-12 空调控制面板　　　　　图 1-13 车窗、后视镜开关

四、插接器

插接器就是通常所说的插头与插座,用于线束与线束或导线与导线间的相互连接。为了防止插接器在汽车行驶中脱开,所有的插接器均采用了闭锁装置。常见的几种插接器,如图 1-14 所示。

 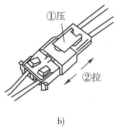 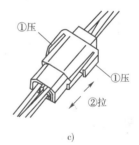

a)　　　　　　　b)　　　　　　　c)

图 1-14 常见的插接器

要拆开插接器时,首先要解除闭锁,然后把插接器拉开,不允许在未解除闭锁的情况下用力拉导线,这样会损坏闭锁装置或导线。有些插接器用钢丝扣锁止,取下钢丝扣后才能将插接器拔开。

五、中央配电盒(熔断丝盒)

随汽车电器装置增多,继电器和熔断丝的数量不断增加,为便于装配和使用中检查、更换,现代汽车往往将各种控制继电器与熔断丝安装在一起,成为一个中央配电盒。它的正面装有继电器和熔断丝插座,背面是插座,用来与线束的插头相连,如图 1-15 所示。

图 1-15 中央配电盒

模块四　检测常用的工具和仪器

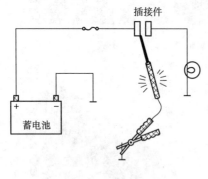

图1-16　无源试灯

一、试灯

汽车电路的检测试灯有无源试灯和有源试灯两种。通常使用无源试灯检测电路。

如图1-16所示,无源试灯就是在一段导线中连接一个12V灯泡,当试灯一端搭铁,另一端接触到带电的导体时,试灯亮,说明试灯检测点至电源之间的电路良好;如果试灯不亮,说明试灯检测点至电源之间的电路有断路故障。

拓展知识

不提倡用试灯检测计算机控制的电路,容易损坏电脑的内部控制电路。

二、跨接线

跨接导线有时可作为故障诊断的辅助工具,如图1-17所示,可用于跨过某段被怀疑已断开的导线,而直接向某一部件供电。

三、万用表

万用表有指针式和数字式两种,数字式万用表具有测试精确的电子电路,精度远远超过指针式万用表,普遍用于汽车电器诊断与检测。

不同的汽车万用表功能及结构不尽相同,但基本都是由数字及模拟量显示屏、功能按钮、测试项目选择开关、温度测量插孔、公用插孔(用于测量电压、电阻、频率、闭合角、频宽比和转速等)、搭铁插孔、电流测量插孔、测试探针(或大电流钳)等全部或部分构成。普通汽车用数字式万用表如图1-18所示。

图1-17　跨接线

图1-18　数字式万用表

四、汽车故障诊断仪

汽车故障诊断仪通过数据通信线以串行的方式获得控制电脑的实时数据参数,包括故障信息、实时运行参数、控制电脑与诊断仪之间的相互控制指令。汽车故障诊断仪有通用诊断仪和专用诊断仪两种。

 思考练习题

一、填空题

1. 汽车电源系统包括_____、_____,用于向汽车用电设备提供电能,以保证汽车在行驶中和停车时的用电需要。

2. 汽车电器与电子控制系统检测常用的工具和仪器有_____、_____、_____、_____。

3. 电路在不同的工作条件下会处于不同的工作状态,汽车电路分为_____、_____、_____、_____等四种工作状态。

4. 现代汽车往往将各种控制_____与_____安装在一起,成为一个中央配电盒。

5. 汽车上的保险装置主要有_____、_____和_____。

二、选择题

1. (　　)可以实现自动接通或切断一对或多对触点,用小电流控制大电流,以减小控制开关的电流负荷,保护电路中的控制开关。
 A. 继电器　　　　B. 开关　　　　C. 熔断器　　　　D. 插接器

2. 电路中开关未闭合也属于(　　)。
 A. 开路状态　　B. 闭合状态　　C. 短路状态　　D. 空载状态

3. (　　)与一般熔断丝不同之处在于其熔断反应较慢,通常接在电路起始端,即蓄电池正极端附近。
 A. 易熔线　　　B. 熔断器　　　C. 继电器　　　D. 插接器

4. 可以测量电路电压的工具是(　　)。
 A. 试灯　　　　B. 跨接线　　　C. 万用表　　　D. 故障诊断仪

5. 四挡位点火开关(　　)挡位表示当点火开关处于该挡位时,接通附件电源(如收音机、点烟器等附件)。
 A. LOCK　　　　B. ACC　　　　C. ON　　　　D. START

三、判断题(对的打"√",错的打"×")

1. 汽车所有的插接器均采用了闭锁装置。(　　)

2. 电路是电流通过的路径。电路是由一些用电设备、电器元件按照一定的方式组合起来,构成电流的通路。(　　)

3. 短路就是电源两端外的电路某处断开,电路中没有电流通过,电源不向负载输送电能。(　　)

4. 汽车电路一般由电源、负载、保护装置、控制装置和导线等组成。（　）

5. 熔断器线是一种截面积一定,可长时间通过额定电流的铜芯或合金导线。用于保护总体线路或较重要电路。（　）

6. 为了防止电路或元件因搭铁或短路而烧坏电线束和用电设备,各种类型的汽车上均安装有熔断装置。这些熔断装置有的串联在元器件回路中,有的并联在支路中。（　）

7. 汽车上的用电设备都是并联的关系,当某一用电设备发生故障时,不会干扰其他的用电设备。（　）

8. 熔断器熔断后,应该在第一时间更换新的熔断器,给用电设备供电。（　）

9. 防止短路的最常见方法是在电路中安装熔断器。（　）

10. 汽车电路中如果出现导线接触不良,会造成电路电阻过大,用电设备不能正常工作或无法工作。（　）

四、问答题

1. 汽车电器与电子控制系统由哪些系统组成？各有何作用？
2. 汽车电路有哪些特点？
3. 为什么在更换熔断器时一定要用与原规定相同的熔断器？

项目二　汽车电源系统

知识目标

1. 熟悉电源系的组成与功用、蓄电池与发电机的类型及型号；
2. 理解蓄电池与发电机的基本结构及工作原理；
3. 理解交流发电机的使用注意事项。

能力目标

1. 能正确指出汽车电源系统各部件在实车上的安装位置；
2. 会在实车上正确安装及拆卸蓄电池；
3. 能正确完成对蓄电池充电及电量检查；
4. 能根据发动机工况，从电源指示灯状态判断电源系统的工作状况。

模块一　汽车电源系统概述

汽车电源系统的作用是向汽车用电设备提供低压直流电能，以保证汽车在行驶中和停车时的用电需要。

蓄电池和发电机共同构成汽车电源系统。此外，汽车电源系统还包括电压调节器（使发电机的输出电压保持恒定）、充电状态指示装置（如充电指示灯）、点火开关等。在发动机起动时，由蓄电池向起动机和点火系供电；在发电机正常工作时，全车用电设备均由发电机供电，与此同时，蓄电池将发电机多余的电能转变为化学能储存起来（即蓄电池处于充电状态）。

汽车电器设备使用的电源是直流电源，蓄电池与发电机都能向用电设备供给直流电，两者协同工作，共同为用电设备供电。全车用电设备均与这两个电源并联连接，如图2-1所示。

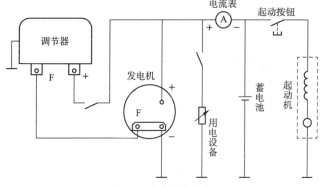

图2-1　汽车并联电路

模块二　汽车蓄电池

一、汽车蓄电池的功用

汽车蓄电池是一种可逆的低压直流电源,它既能将化学能转化为电能向用电设备供电,也能将电能转化为化学能,即蓄电池的充电。

汽车蓄电池的作用有以下几点:

(1)发动机起动时,向起动机和点火系统以及燃油喷射系统供电。

(2)发动机低速运转、发电机电压较低时,向用电设备和交流发电机磁场绕组供电。

(3)发电机出现故障不发电时,向用电设备供电。

(4)发电机过载时,协助发电机向用电设备供电。

(5)发动机熄火停机时,向电子时钟、汽车电子控制单元、音响设备以及汽车防盗系统供电。

此外,汽车蓄电池还有一些辅助功能。因为蓄电池相当于一只大容量的电容器,不仅能够保持汽车电气系统的电压稳定,而且还能吸收电路中出现的瞬时过电压,保护电子元件不被损坏。

二、汽车蓄电池的分类

汽车用蓄电池有铅酸蓄电池和碱性蓄电池两大类,铅酸蓄电池是汽车的常用蓄电池。

汽车用铅酸蓄电池又分为普通型、干荷电型、湿荷电型、免维护型和胶体型等。

蓄电池在汽车上的安装位置根据车型和结构而定,原则上离起动机越近越好,这样可以减小起动电路的电阻,增大起动电流。大多数轿车的蓄电池装在发动机舱内,如图2-2所示。也有装在行李舱内,如图2-3所示。甚至装在后排乘客座椅下方;货车蓄电池的安装位置以空载时质量平衡为原则,一般装在车架前部的左侧或右侧;客车的蓄电池多装在车厢内。蓄电池都是用特制的金属框架和防振动垫固定的,如图2-4所示。

图2-2　装在发动机舱内的蓄电池

图2-3　装在行李舱内备胎下面的蓄电池

三、铅酸蓄电池的构造与型号

(一) 普通铅酸蓄电池的构造

现代汽车使用普通铅酸蓄电池由六个单格电池串联而成,每个单格电池的电压约为 2 V,串联后蓄电池电压为 12 V。

铅酸蓄电池主要由极板、隔板、电解液、外壳、连接条、极桩等组成,如图 2-5 所示。

图 2-4 蓄电池的固定方式

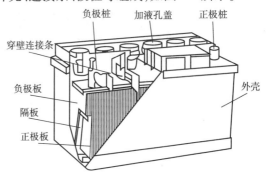

图 2-5 蓄电池的结构

1. 极板

极板是蓄电池的核心构件,由栅架和活性物质组成,极板分为正极板和负极板两种,正极板上的活性物质为二氧化铅(PbO_2),呈棕红色,负极板上的活性物质为海绵状纯铅(Pb),呈青灰色。极板结构如图 2-6 所示。

为了增大蓄电池的容量,一般把极板做成极板组,安装极板组时,正、负极板相互嵌合,中间安装隔板后装入蓄电池单格内便形成单格电池。如图 2-7 所示,在每个单格电池中负极板总比正极板多一片。

2. 隔板

为了减少蓄电池的内阻和尺寸,蓄电池的正、负极板应尽可能靠近,为了防止相邻正、负极板彼此接触而短路,正、负极板之间要使用隔板隔开。隔板的结构有袋式隔板和片式隔板两种,用微孔塑料做成袋式隔板,套在正极板上,可以有效地防止活性物质脱落,如图 2-8 所示。

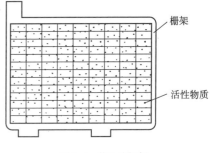

图 2-6 蓄电池极板

3. 电解液

电解液的密度对蓄电池的性能和寿命影响很大。蓄电池的电解液是用纯净硫酸和蒸馏水按规定比例配制而成的,电解液的密度一般为 $1.24 \sim 1.31 \text{g/cm}^3$。

使用密度大的电解液有利于提高蓄电池容量和降低电解液的冰点,但密度过大,会使电解液的流动性变差,反而会降低蓄电池的容量,而且还会加快隔板和极板的损坏,缩短电池的使用寿命。在全充电状态下,电解液的密度应符合表 2-1 所示的推荐值。

对于透明塑料外壳的蓄电池,可以通过观察液面高度指示线检查电解液的液面高度,如图 2-9 所示。

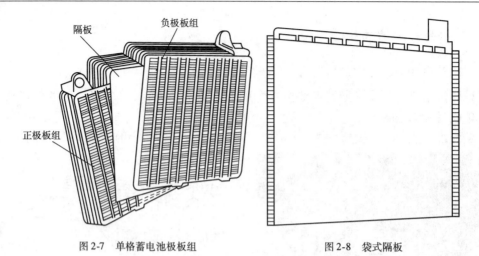

图 2-7　单格蓄电池极板组　　　　图 2-8　袋式隔板

不同地区和气候条件下电解液的密度　　　　　表 2-1

气候条件	蓄电池完全充足电时电解液的密度(25℃)(g/cm³)	
	冬　季	夏　季
冬季气温低于 -40℃ 的地区	1.30	1.26
冬季气温在 -40 ~ -30℃ 的地区	1.28	1.24
冬季气温在 -30 ~ -20℃ 的地区	1.27	1.24
冬季气温在 -20 ~ 0℃ 的地区	1.26	1.23
冬季气温在 0℃ 以上的地区	1.23	1.23

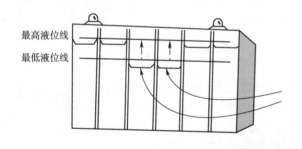 

图 2-9　电解液液位线

4. 外壳

外壳是用来盛装电解液和极板组,使蓄电池构成一个整体。外壳使用的材料有硬橡胶和塑料两种。每个单格的盖板中间有加液孔,可以用来检查液面高度和测量电解液的密度,加液孔平时用加液孔螺塞拧紧。加液孔螺塞中心有一个小通气孔,可以使蓄电池内部与外部相通,平时应保持通气孔的畅通,使蓄电池在电化学反应中放出的气体可随时逸出。

5. 连接条

连接条的作用是将单格蓄电池串联起来,提高整个蓄电池的端电压。普通蓄电池连接条的串联方式一般是外露式,而新型蓄电池连接条的串联方式是穿壁式或跨接式结构(在蓄电池内部),几种方式如图 2-10 所示。

 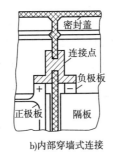 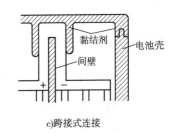

a) 外露式连接条连接　　　　b) 内部穿墙式连接　　　　c) 跨接式连接

图 2-10　单格电池的连接方式

6. 极桩

铅酸蓄电池首尾两极板组的横板上焊有电极桩,电极桩的形状有圆锥形、L 形和侧孔形三种,如图 2-11 所示。为便于识别,正极桩的上方或旁边标刻有" + "(或 P)、负极桩的上方或旁边标刻有" - "(或 N)标记,或者在正极桩上涂红色油漆。

a) 侧孔形　　　　　　　　b) 圆锥形　　　　　　　　c) L 形

图 2-11　极桩形状

(二)改进型铅酸蓄电池

1. 干荷电式蓄电池

干荷电式起动型铅酸蓄电池负极板的活性物质在铅中配有一定比例的抗氧化剂,提高了抗氧化性能,能使负极板上海绵状的纯铅在空气中长期存放而不被氧化,达到了负极板在干燥状态下长期保存电荷的目的(一般为 1~2 年)。

初次使用干荷电式蓄电池时,需要将蓄电池加液孔盖旋开,疏通通气孔(有的采用蜡封口,有些采用封条贴封),加入标准的电解液到规定高度,将蓄电池静置 30min,调整液面高度至规定值,不需要充电,即可使用。

2. 免维护蓄电池

免维护蓄电池在许多方面与普通铅酸蓄电池不同,其最大特点除几个非常小的通气孔外,其余部分全部密封,除需要保持表面清洁外,不需做其他维护工作。

免维护蓄电池通气孔采用新型安全通气装置,可避免蓄电池内的氧气、氢气与外部的火花直接接触,以防爆炸。通气孔塞中还装入催化剂钯,可帮助排出的氢氧离子结合生成水再回到电池中去。这种通气装置还可以使蓄电池顶部和接线柱保持清洁,减少接线柱的腐蚀,保证接线牢固可靠。

目前市场上的免维护蓄电池有两种:一种是在购买时一次性加电解液以后使用中不需要维护(添加补充液);另一种是电池在出厂时就已经加好电解液并封死,用户根本就不能加补充液。

免维护蓄电池内部常配有内装式电解液密度计(也称蓄电池电量指示眼),内部装有一颗能反光的绿色塑料小球,随其浮升的高度变化,从观察孔中可以看到代表不同状态的颜色,当密度计的指示眼呈绿色时,表明电量充足,蓄电池正常;当指示眼绿点很少或为黑色,表明蓄电池需要充电;当指示眼显示淡黄色,表明蓄电池内部有故障,需要修理或进行更换,如图 2-12 所示。

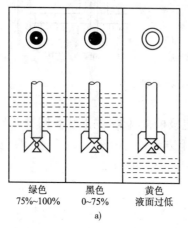 

图 2-12　蓄电池电量指示眼

因为免维护型蓄电池具有下列优点,所以得到广泛使用:

(1) 使用中无须添加蒸馏水。

(2) 接线柱不会腐蚀。

(3) 自放电少,寿命长,使用时一般不需补充充电(3 年半~4 年,短途车可行驶 8000km,长途车可行驶 40000~48000km)。

(4) 比传统铅酸蓄电池具有更大的起动功率。

(三) 蓄电池型号

按照《铅酸蓄电池名称、型号编制与命名方法》(JB/T 2599—2012)的规定。蓄电池产品型号包含三部分,如图 2-13 所示,其排列及含义如下:

第一部分表示串联的单格蓄电池数,用阿拉伯数字表示,其额定电压为这个数字的 2 倍。例如:3 表示蓄电池有 3 个单格电池,额定电压 6V;6 表示蓄电池有 6 个单格电池,额定电压 12V。

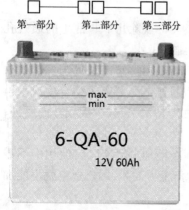

图 2-13　蓄电池型号

第二部分表示蓄电池的类型和特征,用两个汉语拼音字母表示。如第一个字母是 Q 表示起动用铅蓄电池,M 表示摩托车用铅蓄电池。第二个字母为蓄电池的特征代号,无字母则表示为普通式铅酸蓄电池。如:A 表示干荷电式;W 表示免维护式;H 表示湿荷电式;M 表示密封式;S 表示少维护;J 表示胶体电解质。

第三部分表示蓄电池额定容量和特殊性能,我国目前规定采用 20h 放电率的额定容量,单位为 A·h,用数字表示;特殊性能用字母表示;G 表示高起动率;S 表示塑料槽;D 表示低温起动性能好。

四、蓄电池的维护

（一）蓄电池连接导线的拆卸

在汽车使用维修过程中不可避免地要拆装蓄电池的连接线,但是,对于电控汽车而言,蓄电池及连接线的拆装操作正确与否,将会直接影响电控系统的工况,甚至使电控系统受到损害。因此,在拆卸蓄电池连接导线时,应注意以下事项:

(1)未读取电控汽车ECU记录的故障信息之前不能拆除蓄电池连接导线。

电控制汽车的ECU是控制系统的中枢神经,它不仅有控制功能,而且还有记忆功能。当汽车电控系统出现故障时,ECU会记忆储存其对应的故障信息。维修人员便可从汽车的故障自诊断系统读取故障信息,并依据故障信息查找与之相对应的故障原因和故障部位。如果在读取故障码之前,拆下蓄电池连接导线,就相当于中断了ECU的电源,存储在ECU中的故障信息会自动消除。若想再获得故障信息就必须重复或再现故障发生时的工作状态和环境条件,而对于无法起动的发动机,这样操作导致再也无法获得故障信息,因此,在拆卸蓄电池连接导线之前,应该先读取ECU的故障信息,再进行其他维修。

(2)点火开关接通时禁拆卸蓄电池连接导线。

当点火开关处于接通位置时,无论发动机是否运转,绝不可以拆下蓄电池连接导线。因为,突然的断电会使电路中的线圈产生自感电动势,从而出现很高的瞬时电压,使ECU及相关的传感器等微电子器件严重受损。

(3)不能随便用拆除蓄电池连接线的方法清除故障信息。

对于大多数电控发动机而言,拆下蓄电池连接线或拆下通往ECU的熔断丝,保持断电30s,即可清除ECU中存储的故障信息。但某些汽车却不能用此方法清除故障信息,因为这些车辆的防盗,音响,时钟等的内存也有存储在随机存储器中,断电后这些内存也会被一起清除掉,从而导致音响锁码等现象,对这些汽车应该按维修手册上要求的方法清除故障信息,切不可随意拆除蓄电池连接导线清除故障信息。

(4)拆卸电池连接导线时,为了避免发生短路现象,应先拆下负极桩接线,后拆正极桩接线。

拓展知识

凡是与蓄电池电压相同的其他电器装置的导线,在点火开关ON位置时也都不能拆除,否则同样会使相关的线圈产生自感电动势,损坏ECU或传感器,这些电器装置包括:点火系统,怠速步进电机,ECU的可编程只读存储器,喷油器,空调及其电磁离合器,还有ECU的某些连接线等。

（二）蓄电池的安装

1. 检查接线头

更换旧蓄电池之前,由于蓄电池电解液泄漏的硫酸造成接线头腐蚀现象,先检查接线头的腐蚀情况,用铁丝刷或砂纸清洁干净后,涂上一些抗酸溶剂,再与新蓄电池电极桩连接。

如接线头已严重腐蚀,则应更换新的导线。

2. 将蓄电池牢固安装在蓄电池架内

固定蓄电池时不能使用过大的力矩,以免损坏蓄电池;如果蓄电池固定不牢,则行车时产生振动易造成蓄电池电极的损坏,从而缩短蓄电池使用寿命。

3. 正确连接蓄电池电极桩

首先分清蓄电池的正、负极桩,确保负极桩搭铁,先接蓄电池正极,后接蓄电池负极。连接蓄电池电极桩时,在电极桩及螺栓上涂上润滑脂或凡士林,以防氧化生锈,便于以后拆装。

(三) 蓄电池的初充电

对新蓄电池或更换极板的蓄电池在使用前进行的首次充电,称为初充电。

初充电的目的是还原普通极板在存放期间被氧化的活性物质。因此,初充电对蓄电池的使用性能影响很大,若充电不彻底,会导致蓄电池永久性的充电不足,致使蓄电池容量不足、寿命缩短。

初充电的一般步骤:

(1) 先按蓄电池制造厂的规定,加注一定密度的电解液(电解液加入前温度不得超过30℃)静置6~8h,再将液面调整到高于极板10~15 mm。电解液温度低于25℃时才能进行充电。

(2) 将蓄电池正极接充电机输出端的正极,蓄电池负极接充电机输出端的负极。选择第一阶段充电电流大小,应为额定容量的1/15充电电流。打开充电机开关,开始充电,充电到电解液中开始冒气泡。

(3) 将第一阶段的充电电流减半,继续充电到电解液产生较多的气泡,呈"沸腾"现象,直至蓄电池的密度和电压连续2~3h稳定不变为止。全部充电时间为60~70h。

蓄电池充足电的特征是:

① 蓄电池的端电压上升到最大值,而且在2~3h不再增加;

② 蓄电池电解液密度上升到最大值,而且在2~3h不再升高;

③ 蓄电池内部产生大量气泡,形成"沸腾"的现象。

 拓展知识

只有当以上三种特征同时出现时,才能认为是充足电,仅仅以其中任何一项作为依据是不能证明已充足的。因为,在使用中任意添加过稀硫酸的蓄电池,电解液的相对密度就会较早达到原始值;或者是有故障的蓄电池,端电压在充电初期就升得很高。所以千万别被一种特征的突然出现而迷住了眼睛。

在充电过程中应经常测量电解液温度,若温度上升到40℃,应将电流减半,如继续上升到45℃,应立即停止充电,并采用人工冷却(可采用强制通风或将蓄电池置于冷却水槽中),待冷至35℃以下再充电。

初充电临近完毕时,应测量电解液密度,如不符合规定,应用蒸馏水或密度为$1.40g/cm^3$的电解液进行调整。调整后,应再充2h,若密度仍不符合规定,应再调整并充电2h,直至密度符合要求为止,然后将加液孔盖拧上,把蓄电池表面清洁干净。

新蓄电池第一次充电后往往达不到额定容量,应进行放电循环。用20h放电率放电(即用额定容量 1/20 的电流放电至 12V 蓄电池的电压降到 10.5V 为止),然后再以补充充电的方法充足电。经过一次充、放电循环若容量仍低于额定容量的 90% 时,应再进行一次充、放电循环。

(四) 蓄电池的补充充电

蓄电池在汽车上使用时由发电机对其进行的定电压充电,由于某些原因不能保证蓄电池彻底充足电,而使蓄电池容量下降时,为防止蓄电池产生硫化故障,必须将蓄电池从车上拆下使用充电机对其进行充电。这种由于蓄电池在使用过程中电量不足的充电,称为补充充电。

1. 蓄电池的特征

蓄电池有以下特征之一,表示蓄电池电量不足:

(1) 电解液密度下降到 $1.20\ g/cm^3$ 以下。

(2) 冬季放电超过蓄电池额定容量额定的 25%,夏季放电超过额定容量的 50%。

(3) 灯光暗淡、起动无力、喇叭沙哑。

2. 补充充电的方法

补充充电的方法与初充电基本相同。先将蓄电池与充电机连接,选择第一阶段充电电流,以蓄电池额定容量 1/10 的充电电流充电,充电至冒气泡,转入第二阶段,将第一阶段的充电电流减半,充电至蓄电池电解液呈"沸腾"现象,蓄电池电压、电解液密度上升到最高值,且 2~3h 保持不变,即充电结束。补充充电一般需要 13~17h。

(五) 快速脉冲充电

快速脉冲充电前,应先检查电解液密度,并根据其全充电状态时的密度值计算蓄电池的剩余容量,以确定初充电时间,并将充电设备上的定时器调到相应时间上。具体见表 2-2。

快速充电时间与电解液密度的关系　　　　表 2-2

电解液密度(g/cm^3)	剩余容量(%)	初充电时间(min)
全充电时的密度 1.260	100	0
高于 1.225	>75	10
1.200~1.225	50	15
1.175~1.200	50	30
1.150~1.175	50	45
低于 1.150	25 以下	60

脉冲快速充电的特点如下:

(1) 充电时间短、省时,新蓄电池初次充电一般不超过 5h,使用中的蓄电池补充充电时间更短,只需 0.5~1.5h,大大提高了充电效率。

(2) 省电、节能,消耗电能仅为常规充电的 80%~85%。

(3) 对蓄电池的寿命有一定影响,仍需进一步改进。

一般来讲,经快速充电的蓄电池只是提高了充电容量,并未充足电。若想充足电,还需要用小电流或正常充电电流进行最后充电。

（六）充电注意事项

（1）严格遵守充电规范。

（2）配制和注入电解液时，要严格遵守安全操作规则和器皿的使用规则。

（3）充电时，应先接好蓄电池与充电机的导线，导线连接必须可靠，防止发生火花；停止充电时，应先切断充电机的电源。

（4）充电过程中，要经常测量电池的电压和密度，及时判断充电程度和技术状况。

（5）充电时要打开蓄电池加液孔盖，使氢气、氧气顺利逸出，并保持充电场所通风良好，以免发生事故。

（6）在充电场所严禁用明火取暖。

（七）蓄电池的使用注意事项

（1）要经常保持蓄电池的外部清洁，以防止短路和电极接线柱腐蚀。

（2）要经常检查蓄电池在车上的安装是否牢靠，电极桩与接线头的连接是否紧固。

（3）定期检查和调整各单格电池电解液液面高度。

（4）冬季补充加注蒸馏水时，应在蓄电池充足电前进行。

（5）要经常检查加液孔盖是否拧紧，以免行车时因振动而使电解液溢出。

（6）使用起动机时，每次起动时间不能超过5s，两次起动之间的时间间隔应大于15s。

（7）对于车上使用的普通蓄电池，每月应拆下进行一次补充充电。

（8）对暂时不用的蓄电池可放置在室内暗处进行湿储存。使用前，应重新充足电。

（9）对于长期不使用的蓄电池采用干储存法。

（10）未启用的新电池，其储存方法和时间应以出厂说明为准，一般保管期限为两年。

模块三　汽车发电机

一、汽车发电机的作用

汽车发电机是汽车的主要电源，安装在发动机机体上，位于发动机的前端，由曲轴通过皮带带动，如图2-14所示。其功用是在发动机正常运转时，向所有用电设备（起动机除外）供电，同时给蓄电池充电。

二、汽车发电机的分类

（一）按总体结构分为五类

1. 普通交流发电机

使用时需要配装电压调节器的发电机，例如EQ140使用的JF132发电机。

2. 整体式交流发电机

发电机和调节器制成一个整体的发电机。例如别克轿车使用的CS型发电机（包括CS-121、CS-130

图2-14　发电机在发动机上的安装位置图

和 CS-144 三种不同的型号）。

3. 带泵交流发电机

带泵交流发电机与普通交流发电机的区别是转子轴很长并伸出后端盖，带动真空泵工作，为制动系的真空增压器提供真空源，主要用于没有真空源的柴油发动机汽车。例如长城哈弗汽车使用的 JFB1920A 发电机。

4. 无刷交流发电机

不需要电刷的发电机，例如东风汽车使用的 JFW17 发电机。

5. 永磁交流发电机

磁极为永久磁铁制成的发电机。

（二）按整流器结构分为四类

1. 六管交流发电机

例如东风汽车用的 JF1522 发电机。

2. 八管交流发电机

例如天津夏利汽车用的 JFZ1542 发电机。

3. 九管交流发电机

例如 BJ1022 型轻型车用的 JFZ14L 发电机。

4. 十一管交流发电机

例如奥迪、桑塔纳轿车用 JFZ1813Z、JFZ1913Z 发电机。

（三）按磁场绕组搭铁形式分为两类

1. 内搭铁型交流发电机

磁场绕组的一端直接搭铁。例如东风牌汽车用的 JF132 发电机。

2. 外搭铁型交流发电机

磁场绕组的一端接入调节器，通过调节器搭铁。例如解放牌汽车使用的 JF152D、JF1522A 发电机。

三、汽车交流发电机的型号

根据中华人民共和国行业标准《汽车电器设备产品型号编制方法》（QC/T 73—1993）的规定，汽车交流发电机的型号如下：

| 1 | 2 | 3 | 4 | 5 |

1 表示产品代号。交流发电机的产品代号有 JF、JFZ、JFB、JFW 四种，分别表示交流发电机、整体式交流发电机、带泵交流发电机和无刷交流发电机。

2 表示电压等级代号。用 1 位阿拉伯数字表示，1-12V；2-24V；6-6V。

3 表示电流等级代号。用 1 位阿拉伯数字表示，其含义见表 2-3。

4 表示设计序号。按产品设计的设计先后顺序，用阿拉伯数字表示。

5 表示变型代号。交流发电机以调整臂的位置作为变型代号。从驱动端看，Y-右边，Z-左边，无-中间。

电流等级代号　　　　　　　　　　　表2-3

代号	1	2	3	4	5	6	7	8	9
电流（A）	≤19	20~29	30~39	40~49	50~59	60~69	70~79	80~89	≥90

例如：桑塔纳、奥迪100型轿车所使用的JFZ1913Z型交流发电机，其含义为电压等级为12V，输出电流大于90A，第13代设计，调整臂位于左边的整体式交流发电机。

四、普通交流发电机的结构

普通交流发电机主要由三相同步交流发电机和整流器组成。三相同步交流发电机由转子、定子、电刷与电刷架、风扇、带轮、前后端盖等组成，如图2-15所示。

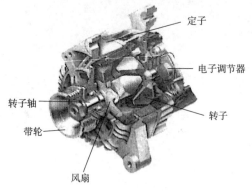

图2-15 三相同步交流发电机

（一）转子

转子的作用是产生磁场。主要由两块爪极、磁场绕组、轴和滑环等组成。两块爪极各具有六个鸟嘴形磁极，压装在转子轴上，在爪极的空腔内装有磁轭，其上绕有磁场绕组（又称励磁绕组或转子线圈）。磁场绕组的两根引出线分别焊在与轴绝缘的两个集电环上，集电环与装在后端盖上的两个电刷接触。当两个电刷与直流电源接通时，磁场绕组中便有磁场电流通过，产生轴向磁通，使得一块爪极被磁化为N极，另一块爪极为S极，从而形成了6对相互交错的磁极，如图2-16所示。

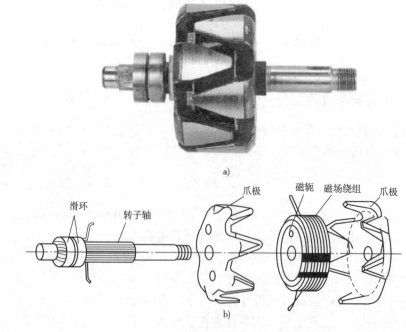

图2-16 转子

（二）定子

定子的作用是产生三相交变电动势。主要由定子铁芯和定子绕组组成，定子铁芯槽内嵌有三相对称绕组。绕组是用高强度漆包线在专用模具上绕制的。绕组的连接方式有星形、三角形两种连接方式，多数汽车发电机采用星形连接方式，即每相绕组的首端分别与整流器的硅二极管相接，每相绕组的尾端接在一起，如图2-17所示。

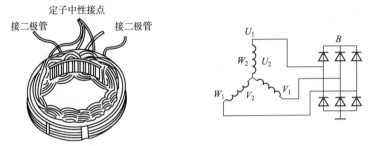

图2-17　定子

（三）整流器

整流器的作用是把交流发电机产生的三相交流电转变成直流电输出，整流器一般由六只整流二极管和散热板组成。

交流发电机用的整流二极管分为正极二极管和负极二极管两种。正极二极管的中心引线为正极，外壳为负极，负极二极管的中心引线为负极，外壳为正极。

三只正极二极管的外壳压装或者焊接在铝合金散热板的三个孔中，共同组成发电机的正极。由固定散热板的螺栓通至外壳外（元件板与外壳绝缘），作为交流发电机的输出接线柱"B"接线柱（也有标"＋"或"电枢"字样的）。

三只负极二极管的外壳压装或焊接在另一散热板上（此板与后端盖相接），或者直接压装在后端盖的三个孔中，与发电机的外壳共同组成发电机的负极。如图2-18所示。

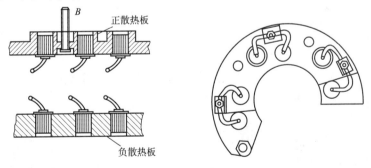

图2-18　整流器

（四）电刷与电刷架

电刷的作用是给发电机磁场绕组提供磁场电流。两只电刷安装在电刷架的孔内，借电刷弹簧的压力与滑环保持接触，电刷架安装在发电机的后端盖上。电刷总成由两只电刷、电刷弹簧和电刷架组成。

目前国产交流发电机的电刷架有两种结构，如图2-19所示，一种是内装式，电刷架可直接从发电机的外部拆装,拆装维修十分方便;另一种是外装式,不能直接从发电机外部进行拆装,若更换电刷,需将发电机拆开方可完成。

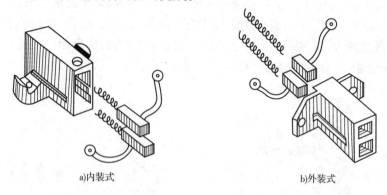

a)内装式　　　　　　　　　　b)外装式

图 2-19　电刷与电刷架

(五)前、后端盖

如图 2-20 所示,发电机端盖一般分为前端盖和后端盖两部分,起固定转子、定子、整流器和电刷组件的作用。端盖一般用铝合金铸造,一是可有效地防止漏磁;二是铝合金散热性能好。后端盖上装有电刷组件,有电刷、电刷架和电刷弹簧组成。电刷的作用是将电源通过滑环引入磁场绕组。

(六)电压调节器

电压调节器利用晶体管的开关特性,在发电机转速变化时,通过改变励磁绕组电路的接通和断开的时间调节励磁电路的平均电流。电子调节器如图 2-21 所示。

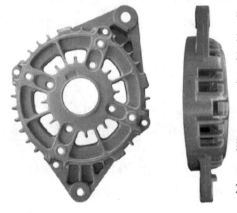

图 2-20　发电机的前、后端盖

(七)风扇与皮带轮

交流发电机的前端装有皮带轮,由发动机风扇皮带驱动发电机皮带轮旋转。在发电机皮带轮的后面装有叶片式风扇,前后端盖上分别有出风口和进风口。当发动机带动发电机高速旋转时,可使空气流经发电机内部,对发电机进行冷却。风扇及皮带轮结构如图 2-22 所示。

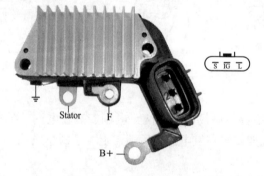

图 2-21　电压调节器

图 2-22　风扇及皮带轮

五、发电机的工作原理

(一)发电机原理

当外加的直流电压作用在励磁绕组两端点的接线柱之间时,励磁绕组中便有电流通过,产生轴向磁场,两块爪形磁极磁化,形成了6对相间排列的磁极。磁极的磁力线经过转子与定子之间的气隙、定子铁心形成闭合磁路。

当转子旋转时,磁力线和定子绕组之间产生相对运动,在三相绕组中产生交流电动势。如图2-23所示,由于三相绕组是对称绕制的,所以产生的三相电动势也是对称的。

每相绕组的电动势有效值的大小和转子的转速及磁极的磁通成正比。即

$$E_\Phi = C_1 n \Phi$$

式中:E_Φ——电动势的有效值,V;
C_1——电机常数;
n——转子的转速,r/min;
Φ——磁极磁通,Wb。

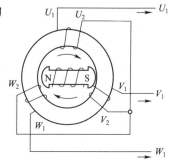

图2-23 交流发电机的工作原理

(二)整流原理

交流发电机定子绕组中感应产生的交流电是靠6只二极管组成的三相桥式全波整流电路将交流电变为直流电的。

利用二极管的单向导电特性,便可把交流电变为直流电。

1. 二极管的导通原则

由于3只正极管(VD_1、VD_3、VD_5)的正极分别接在发电机三相绕组的始端(A、B、C)上,它们的负极又连接在一起,所以,3只正极管的导通原则是在某一瞬间正极电位最高者导通。

由于3只负极管(VD_2、VD_4、VD_6)的负极分别接在发电机三相绕组的始端,它们的正极又连接在一起,所以,3只负极管的导通原则是在某一瞬间负极电位最低者导通,三相桥式整流电路如图2-24所示。

2. 发电机的励磁方式

除了永磁式交流发电机不需要励磁以外,其他形式的交流发电机都需要励磁,因为它们的磁场都是电磁场,必须给励磁绕组通电才会有磁场产生而发电,否则,发电机将不能发电。将电流引入到励磁绕组使之产生磁场称为励磁。交流发电机励磁方式有自励和他励两种。

(1)他励。在发电机转速较低时(发动机未达

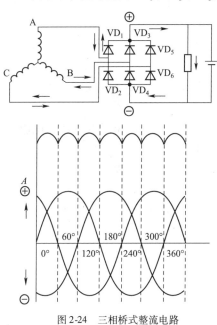

图2-24 三相桥式整流电路

到怠速转速),自身不能发电,需要蓄电池供给发电机励磁绕组电流,使励磁绕组产生磁场来发电。这种由蓄电池供给磁场电流发电的方式称为他励发电。

(2)自励。随着转速的提高(一般在发动机达到怠速时),发电机定子绕组的电动势逐渐升高并能使整流器二极管导通,当发电机的输出电压大于蓄电池电压时,发电机就能对外供电了。当发电机能对外供电时,就可以把自身发的电供给励磁绕组,这种自身供给磁场电流发电的方式称为自励发电。交流发电机励磁过程是先他励后自励。当发动机达到正常怠速转速时,发电机的输出电压一般高出蓄电池电压 1~2V 以便对蓄电池充电,此时,由发电机自励发电。不同汽车的励磁电路各不相同,但有一个共同特点是,励磁电路都必须由点火开关控制。

3. 电压调节原理

交流发电机端电压的高低取决于转子的转速的高低和磁极磁通的大小。因此,当发电机转速变化时,相应地改变磁极磁通才能达到保持电压恒定的目的,而磁极磁通的大小取决于发电机磁场电流的大小,故在发电机转速变化时,只要自动调节发电机的磁场电流便可使发电机输出电压保持恒定。电压调节器就是利用这一原理调节发电机电压的。

也就是说,交流发电机电压调节器是通过动态调节励磁电流的大小来实现发电机输出电压的稳定的。

六、汽车发电机使用注意事项

发电机是汽车常用的零部件,正确使用交流发电机可以延长其寿命,主要使用注意事项如下:

(1)发电机在发动机上的安装要牢固。

(2)蓄电池的搭铁极性必须与交流发电机搭铁极性一致。否则,蓄电池将通过二极管大电流放电,损坏整流二极管。

(3)发电机的传动皮带松紧度应符合标准。过松易使皮带打滑,造成发电不足;过紧容易损坏皮带或轴承。

(4)发动机熄火后,应及时关闭启动开关,以防蓄电池对发电机磁场线圈作长时间放电,造成磁场线圈或调节器的损坏。

(5)发电机工作时,不允许用发电机电枢接线柱搭铁试火的方法来检查是否发电,以免损坏发电机和电线束。

(6)交流发电机与蓄电池之间的导线连接要牢固,当发现交流发电机不发电或充电电流很小时,应及时排除故障,否则,容易损坏二极管和电子元件。

思考练习题

一、填空题

1. _____ 和 _____ 共同构成汽车电源系统。
2. 铅酸蓄电池主要由 _____、_____、_____、_____、_____ 等组成。
3. 蓄电池电解液的密度一般为 _____ g/cm^3。
4. 初次使用干荷电式蓄电池时,需将蓄电池 _____ 旋开,疏通 _____,加入标准的电解液到规定高度,将蓄电池静放_____,调整液面高度至规定值,不需要充电,即可使用。

5. 蓄电池连接条的串联方式有_____、_____和_____等三种结构。

6. 免维护蓄电池在使用中无须加_____、_____不会腐蚀、自放电少,寿命长,使用时一般不需_____。

7. 拆卸电池连接导线时,应先拆下_____接线,后拆蓄电池_____接线。连接蓄电池时,先接蓄电池_____,后接蓄电池_____。

8. 按总体结构不同,汽车交流发电机可分为:_____、_____、_____、_____、_____等五类。

9. 按励磁绕组搭铁方式分类,汽车交流发电机可分为:_____和_____。

10. 交流发电机转子的作用是_____,整流器的作用是_____。

11. 交流发电机励磁方式有_____和_____两种。

二、选择题

1. 下列不属于汽车蓄电池的功用的是(　　)。
   A. 发动机起动时,向起动机和点火系统供电
   B. 发电机不发电或发电量不足时,由蓄电池向用电设备供电
   C. 当发电机转速和用电负载发生较大变化时,可以保持电路电压的相对稳定
   D. 发电机过载时,蓄电池充电

2. 免维护蓄电池的构造与普通铅酸蓄电池相比较,以下特点中错误的是(　　)。
   A. 极板栅架采用铅钙合金或低锑合金,能减少排气量、耗水量和自行放电
   B. 隔板采用袋式隔板,将正极板包住,可保护正极板上的活性物质不脱落,并防止正、负极板短路
   C. 有电解液加注口,加液孔盖上有通气孔
   D. 装有蓄电池电量指示眼,可以观察蓄电池的电量状态

3. 蓄电池电量指示眼呈绿点很少或为黑色,表明(　　)。
   A. 表明电量充足　　　　　　B. 表明蓄电池需要充电
   C. 表明蓄电池内部有故障　　D. 不能判定蓄电池的电量

4. 使用起动机时,每次起动时间不能超过(　　)s,两次起动之间的时间间隔应大于15s。
   A. 3　　　　B. 5　　　　C. 8　　　　D. 10

5. 蓄电池在使用过程中,如果电解液液面下降,应及时补充(　　)。
   A. 电解液　　B. 蒸馏水　　C. 稀硫酸　　D. 浓硫酸

6. 汽车交流发电机产生磁场的部件是(　　)。
   A. 转子　　　B. 定子　　　C. 整流器　　D. 电刷

7. 永磁交流发电机与普通交流发电机相比,少了(　　)。
   A. 电刷和滑环　B. 转子　　C. 定子　　D. 整流器

8. 汽车发电机电压调节器是通过调节(　　)来恒定发电机电压的。
   A. 发电机的输出电流　　　　B. 发电机的磁场电流

C. 发电机的转速　　　　　　　D. 发电机的电刷弹簧弹力

9. 交流发电机的励磁方式是(　　)。
　　A. 自励　　　　B. 他励　　　　C. 先自励,后他励　　　D. 先他励,后自励

10. 桑塔纳、奥迪所使用的JFZ1913Z型交流发电机,它的含义是(　　)。
　　A. 电压等级为12V、输出电流≥90A、第13次设计、调整臂位于左边的整体式交流发电机
　　B. 电压等级为24V、输出电流≥90A、第13次设计、调整臂位于右边的整体式交流发电机
　　C. 电压等级为12V、输出电流≥90A、第13次设计、调整臂位于左边的无刷式交流发电机
　　D. 电压等级为24V、输出电流≥90A、第13次设计、调整臂位于右边的无刷式交流发电机

11. 发电机的(　　)是给发电机磁场绕组提供磁场电流。
　　A. 电刷　　　　　B. 电刷架　　　　　C. 二极管　　　　　D. 滑环

12. 汽车交流发电机安装在发动机的机体上,由(　　)来驱动。
　　A. 发动机凸轮轴　　B. 曲轴通过皮带　C. 电动机　　　　D. 空气压缩机

三、判断题(对的打"√",错的打"×")

1. 传统电源系统由蓄电池、电动机、调节器和充电指示灯等组成。　　　　　　(　　)
2. 免维护蓄电池在使用过程中不需要补充加注电解液。　　　　　　　　　　(　　)
3. 蓄电池可以吸收电气系统中的冲击电压。　　　　　　　　　　　　　　(　　)
4. 蓄电池是一种不可逆的低压直流电源,能将化学能转换为电能,但不能将电能转换为化学能。　　　　　　　　　　　　　　　　　　　　　　　　　　　　(　　)
5. 蓄电池充电时,电解液呈沸腾状态即说明蓄电池充足电。　　　　　　　　(　　)
6. 将电流引入到励磁绕组使之产生磁场称为励磁。不同汽车的励磁电路各不相同,但有一个共同特点是,励磁电路都必须由点火开关控制。　　　　　　　　　　　(　　)
7. 现代汽车的发电机与调节器都安装在一起,称为整体式交流发电机,它安装在发动机前端。　　　　　　　　　　　　　　　　　　　　　　　　　　　　(　　)
8. 无刷交流发电机主要由转子、定子、整流器、电刷、风扇和皮带轮等组成。　(　　)
9. 电源指示灯点亮时,说明蓄电池正在放电。　　　　　　　　　　　　　　(　　)
10. 如果发电机的皮带打滑时,发电机将不能发电或发电电压低,不能向用电设备供电。
　　　　　　　　　　　　　　　　　　　　　　　　　　　　　　　　(　　)

四、问答题

1. 按照行业标准《铅酸蓄电池名称、型号编制与命名方法》(JB/T 2599—2012)的规定,简述蓄电池型号6-QW-60的含义?
2. 蓄电池与发电机共同构成了车辆的电源系统,二者并联向用电设备供电,保证车辆正常运行。请简述蓄电池的作用。
3. 蓄电池充足电有何特征?
4. 蓄电池电量不足的特征有哪些?
5. 拆卸蓄电池连接导线应注意什么?
6. 交流发电机是如何发电的?
7. 简述交流发电机调节器的调压原理。
8. 在行车过程中,如果你发现电源指示灯点亮,你将如何处理? 为什么?

项目三　汽车起动系统

知识目标

1. 熟悉汽车起动系的功用及组成，起动机的类型及型号；
2. 理解起动机的结构及工作过程；
3. 熟悉起动系的使用注意事项。

能力目标

1. 实车上能正确指出汽车起动系统各部件的安装位置；
2. 会解体起动机，并能正确指出各零件名称及作用；
3. 能正确说明起动机的型号的含义；
4. 会正确使用起动机。

模块一　汽车起动系统概述

一、起动系统的作用

发动机必须依靠外力带动曲轴旋转后，才能进入正常工作状态，通常把汽车发动机曲轴在外力作用下，从开始转动到怠速运转的全过程，称为发动机的起动。

汽车起动系统的作用就是供给发动机曲轴起动转矩，使发动机曲轴达到必需的起动转速，以便使发动机进入自行运转状态。当发动机进入自行运转状态后，汽车起动系统便停止工作。

二、起动系统的组成

起动系由起动机及起动控制电路两大部分组成，如图 3-1 所示。

起动机用来产生力矩，并通过小齿轮驱动发动机的飞轮转动，使发动机起动。为增大转矩，便于起动，汽油车起动机与曲轴的传动比一般为 13～17，柴油车一般为 8～10。

控制电路用来控制起动机的工作，起动控制电路包括起动按钮或开关、起动继

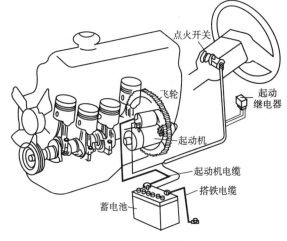

图 3-1　汽车起动系统

电器等。

模块二　起动机的组成及类型

一、汽车起动机的功用及安装位置

汽车起动机的功用是将蓄电池的电能转为机械能(产生机械转矩),驱动发动机飞轮旋转,实现发动机起动。

起动机安装在汽车发动机飞轮壳的座孔上,用螺栓紧固。

二、汽车起动机的组成

汽车起动机由直流串励式电动机、传动机构和控制装置(电磁开关)三大部分组成,如图3-2所示。

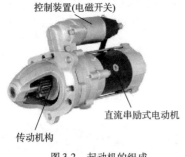

图3-2　起动机的组成

(1)直流串励式电动机:其作用是产生转矩。

(2)传动机构(啮合机构):其作用是在发动机起动时,使起动机驱动齿轮啮入飞轮齿圈,将起动机的转矩传给发动机曲轴,而发动机起动后,使驱动齿轮打滑或与飞轮齿圈自动脱离啮合。

(3)控制装置(电磁开关):其作用是接通和切断电动机与蓄电池之间的电路;控制起动机小齿轮与发动机飞轮齿圈的啮合与分离。

三、汽车起动机分类及型号

(一)汽车起动机的分类

按总体结构的不同,汽车起动机可分为三类:

1. 普通起动机

将电动机电枢产生的起动力矩直接通过单向离合器、驱动齿轮传给飞轮齿圈的起动机称为普通式起动机。

2. 减速起动机

减速起动机的结构与普通式起动机基本相同,主要区别是在传动机构和电枢轴之间安装了一套齿轮减速装置,通过齿轮减速装置把力矩传递给单向离合器,可以降低电动机的速度,增大输出力矩,减小起动机的体积和质量。齿轮减速装置主要有平行轴外啮合减速齿轮装置和行星齿轮减速装置两种形式。减速起动机是今后车用起动机的发展方向。

3. 永磁起动机

永磁起动机以永磁材料作为磁极,取消了普通起动机中的励磁绕组和磁极铁芯,结构简化,体积小,质量轻。永磁起动机的功率较小,一般不大于2kW,有2~3对磁极,由于功率不大,永磁式电动机必须配有减速机构,即永磁式起动机一般都是永磁式减速起动机。

(二)汽车起动机的型号

根据《汽车电气设备产品型号编制方法》(QT/T 73—1993)的规定,国产汽车起动机的型号由以下五部分组成:

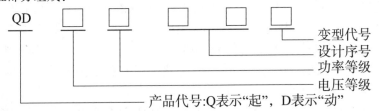

其中,产品代号:QD 表示起动机;QDJ 表示减速起动机;QDY 表示永磁起动机。
电压等级:1 表示 12V;2 表示 24V。
功率等级:其含义如表3-1 所示。

起动机功率等级　　　　　　　　　　　　　　　表3-1

功率等级代号	1	2	3	4	5	6	7	8	9
功率(kW)	0~1	>1~2	>2~3	>3~4	>4~5	>5~6	>6~7	>7~8	>8

例:汽车起动机型号为QD124,表示额定电压为12V、功率为>1~2kW、第4次设计的汽车起动机。

模块三　汽车起动机的结构与基本原理

汽车起动机一般由直流串励式电动机、传动机构和控制装置等三部分组成,如图3-3所示。

一、直流串励式电动机

(一)直流串励式电动机的结构

直流串励式电动机由磁极、电枢和换向器组成。如图3-4所示。

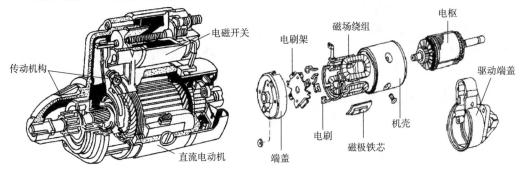

图3-3　汽车起动机结构组成　　　　图3-4　直流串励式电动结构

1.磁极(定子)

磁极作用是产生磁场。

按磁场建立方式不同分为励磁式和永磁式两类。

(1)励磁式磁极是通入电流后产生磁场,它由磁极铁芯和磁场绕组(励磁绕组)组成,并通过螺钉固定在电动机壳体上。

(2)永磁式磁极不需要磁场绕组,条形永久磁铁固装在起动机机壳内表面上。

采用励磁式定子的电动机,其励磁绕组与电枢绕组串联连接,故称串励式电动机。为增大电磁转矩,一般采用4个磁极(大功率起动机有时采用6个磁极)。励磁绕组由扁铜带(矩形截面)绕制而成,其匝数一般为6~10匝;铜带之间用绝缘纸绝缘,并用白布带包扎好后浸泡绝缘漆烘干而成,如图3-5所示。

4个磁场绕组的连接方式有两种:4个串联或两两串联后并联再与电枢绕组串联。如图3-6所示。

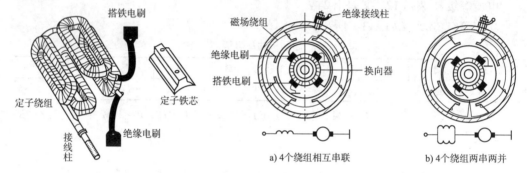

图3-5 励磁绕组的结构

图3-6 磁场绕组的连接方式

2. 电枢和换向器(转子)

电枢和换向器的作用是产生电磁转矩。

电枢和换向器由电枢轴、电枢铁芯、电枢绕组及换向器等组成,如图3-7所示。

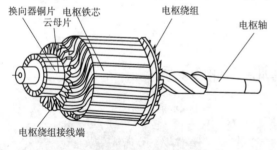

图3-7 电枢和换向器

电枢铁芯由硅钢片叠成后固定在转子轴上。铁芯外围均匀地开有线槽,用以放置转子绕组;转子绕组由较大矩形截面的铜带或粗铜线绕制而成,各绕组的端子与换向器焊接。

换向器的作用是与电刷配合使用,连接磁场绕组和电枢绕组的电路,并使处于同一磁极下的电枢导体中流过的电流保持固定方向。换向器由铜片和云母片相间叠压而成,压装于电枢轴的一端,云母片使铜片间、铜片与轴之间均绝缘,换向片与电枢绕组的线头采用锡焊连接。

3. 电刷与电刷架

电刷的作用是通过换向器将电流引入电枢使之产生定向转矩。

电刷与装在电枢轴上的换向器用来连接磁场绕组和电枢绕组的电路,并使电枢轴上的电磁力矩保持固定方向。

电刷是用铜和石墨粉压制而成,电刷装在电刷架中,电刷架上有盘形弹簧,借弹簧压力将电刷紧紧地压在换向器铜片上。如图3-8所示,在4个电刷架中,其中两个与端盖绝缘,另外两个与端盖相通。

(二)直流串励式电动机的工作原理

直流电动机是将电能转变为机械能的设备,它是根据通电导体在磁场中将受到电磁力作用而发生运动的原理进行工作的,如图3-9所示。

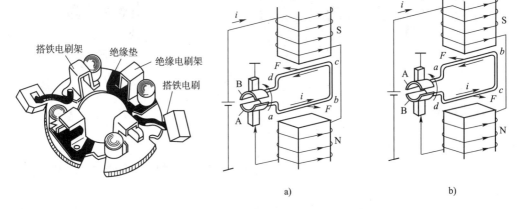

图3-8 电刷与电刷架　　　　　　　图3-9 直流串励式电动机的工作原理

在磁场中放置一个电枢线圈 abcd,电枢线圈的两端分别与两片换向片 A、B 连接。两只电刷分别与两片换向片接触。并与蓄电池的正极或负极接通。如图 3-9a)所示,电枢线圈中电流方向为:蓄电池正极→磁场绕组→正电刷→换向片 A→电枢线圈 abcd→换向片 B→负电刷→搭铁→蓄电池负极。电枢线圈 abcd 中的电流方向由 a→d,由左手定则可以确定电枢绕圈 ab 边受向左的作用力,cd 边受向右的作用力. 整个电枢线圈受到逆时针方向的转矩作用而作逆时针方向转动。当电枢线圈 abcd 转过半周后如图 3-9b)所示,换向片 B 与正电刷接触,换向片 A 则与负电刷接触. 电枢线圈中的电流方向变为 d→a,电枢线圈受转矩作用仍按逆时针方向转动。这样,在蓄电池连续对电动机供电时. 电枢线圈就不停地按同一方向转动。实际上,为了增大电枢的转矩,电动机的电枢绕组采用多匝线圈,换向片的数量也随线圈绕组匝数的增多而增多。

二、控制装置(电磁开关)

电磁开关位于电动机的外壳上,主要由吸引线圈、保持线圈、活动铁芯、接触盘等组成,如图 3-10 所示。其中吸引线圈与电动机串联,保持线圈与电动机并联,直接搭铁。活动铁芯一端通过接触盘控制主电路的导通;另一端通过拨叉控制驱动齿轮的啮合。在起动机电磁开关上有 2 个接线柱:电源接线柱(接蓄电池的起动电缆线)、起动接线柱(接点火开关起动挡位 ST 或起动继电器)。

当点火开关接到起动挡位时,吸引线圈、保持线圈同时通电,两线圈通电后产生较强的电磁力,克服弹簧弹力使活动铁芯移动,一方面通过拨叉带动驱动齿轮移向飞轮齿圈并与之啮合;另一方面推动接触盘移向两个主接线柱触头,在驱动齿轮与飞轮齿圈进入啮合后,接触盘将两个主触头接通,从蓄电池直接供电给电动机,使电动机通电产生转矩,带动发动机曲轴旋转,从而起动发动机。

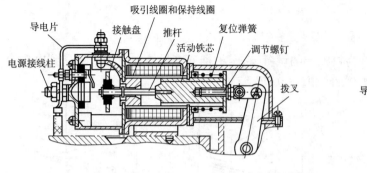
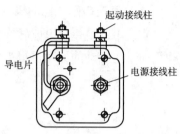

图 3-10 电磁开关结构图

三、传动机构

（一）传动机构的结构

传动机构安装在起动机轴的花键部分，主要由驱动齿轮、单向离合器、拨叉、啮合弹簧等组成。

起动时，使驱动齿轮沿起动机轴移出与飞轮齿圈啮合，将电动机产生的力矩通过飞轮传递给发动机的曲轴，使发动机起动；起动后，发动机带动起动机旋转时，驱动齿轮应立即打滑并退出与飞轮齿圈的啮合，防止电枢的"飞散"现象。

起动机传动机构中的关键部件是单向离合器，其内部结构，如图3-11所示。其作用是在起动时将电枢产生的电磁转矩传递给发动机飞轮，如图3-12a)所示；而当发动机起动后，单向离合器立刻打滑，防止发动机飞轮带动电枢高速旋转，造成电枢绕组"飞散"的事故，如图3-12b)所示。

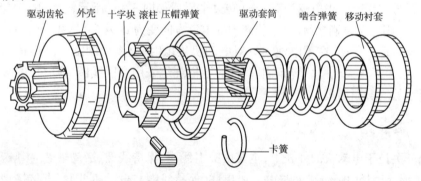

图 3-11 滚柱式单向离合器结构

（二）传动机构的工作原理

传动机构的工作，如图3-13所示。图3-13a)所示为起动机不工作时所处的位置；图3-13b)所示为在电磁开关的作用下，驱动齿轮与飞轮齿圈正在啮合，此时直流电动机与蓄电池之间的电路还没有接通；图3-13c)所示为驱动齿轮与发动机飞轮齿圈完全啮合，直流电动机与蓄电池之间的电路接通，电枢轴开始带动发动机曲轴旋转。发动机起动后，驱动齿轮与飞轮齿圈仍处于啮合状态，单向离合器打滑，驱动齿轮在飞轮的带动下空转。起动结束后，驱动齿轮在电磁开关的作用下，与发动机飞轮齿圈脱离啮合。

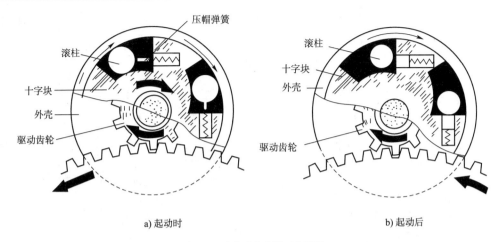

图 3-12 滚柱式离合器工作原理

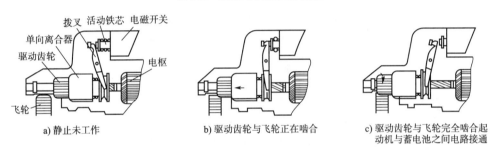

图 3-13 起动机传动机构工作示意图

模块四　汽车起动机的工作过程及使用

一、起动机的工作过程

起动机的工作过程，如图 3-14 所示。

(1) 起动时，点火开关旋到起动挡位，吸引绕圈的电路为：蓄电池正极→点火开关→吸引线圈→端子 C→励磁绕组→电刷→电枢绕组→电刷→搭铁→蓄电池负极；保持绕圈的电路为：蓄电池正极→点火开关→保持线圈→搭铁→蓄电池负极。此时，吸引线圈与保持线圈的电流绕向相同，产生磁场的方向相同，活动铁芯在两个线圈电磁场力的共同作用下克服复位弹簧的作用向右移动，通过拨叉使驱动齿轮与发动机飞轮啮合。当驱动齿轮与飞轮啮合后，接触盘将端子 30、端子 C 内侧触头接通，接通电动机与蓄电池之间的主电路，主电路为：蓄电池正极→端子 30→接触盘→端子 C→励磁绕组→电刷→电枢绕组→电刷→搭铁→蓄电池负极。这时直流电动机产生电磁转矩，通过单向离合器带动曲轴旋转，起动发动机。

(2) 发动机起动后，发动机的转速高于起动机电枢的转速，单向离合器打滑。

(3) 松开点火开关，点火开关退回到点火挡位，点火开关与起动接线柱之间电路断开，吸引线圈与保持线圈的电路变为：蓄电池正极→端子 30→接触盘→端子 C→吸引线圈→保持线圈→搭铁→蓄电池负极。此时，由于吸引线圈和保持线圈的电流方向相反，产生磁场的方向相反,磁场相互抵消,故活动铁芯在复位弹簧的作用下向左移动,使电动机与蓄电池之间的主电路断开,驱动齿轮与飞轮脱离啮合,起动机停止工作。

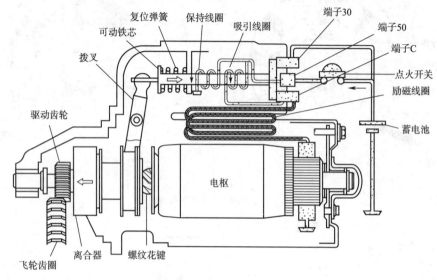

图3-14 起动机的工作过程

在接触盘接通主电路之前,由于电流经吸引线圈到励磁绕组与电枢绕组,所以电枢产生了一个较小的电磁转矩,使驱动齿轮在缓慢旋转状态下与飞轮平稳啮合。主电路接通后,吸引线圈被短路,活动铁芯的位置由保持线圈产生的磁吸力来保持。

二、起动机的正确使用及注意事项

为了延长起动机的使用寿命,并保证能迅速、可靠、安全的工作,使用起动机必须注意以下事项:

(1)起动前应确认手动变速器是否挂入空挡,自动变速器的汽车应将变速杆置于P挡或N挡,起动时同时踩下离合器踏板。

(2)每次接通起动机的时间不得超过5s,重复起动时应间隔15s以上;多次起动,发动机仍没有起动,则停止起动,对起动系统进行检查。

(3)在低温下起动发动机时,应先预热发动机后再起动。

(4)起动机电路的导线连接要牢固,导线的截面积不应太小。

(5)在使用不具备自动保护功能的起动机时,应在发动机起动后迅速断开起动开关。在发动机正常运转时,切勿随意接通起动开关。

(6)应尽可能使蓄电池处于充足电的状态,保证起动机正常时的电压和容量,减少起动机重复工作的时间。

(7)应定期对起动机进行全面的维护和检修。

 思考练习题

一、填空题

1.汽车起动系由_____及_____两大部分组成。

2.汽车起动机的功用是＿＿＿＿＿＿＿＿＿＿＿＿＿＿＿＿＿＿＿＿＿＿＿＿＿＿＿＿＿,驱动＿＿＿＿＿＿＿＿＿＿＿＿＿＿＿＿＿旋转,实现＿＿＿＿＿＿＿＿＿＿＿＿＿＿。

3.汽车起动机安装在＿＿＿＿＿＿＿＿＿＿＿＿＿＿＿＿＿＿＿上,用＿＿＿＿＿＿＿＿紧固。

4.汽车起动机由＿＿＿＿＿＿＿＿＿＿＿＿＿＿＿＿＿＿＿＿、＿＿＿＿＿＿＿＿＿＿＿＿＿＿＿和＿＿＿＿＿＿＿＿＿＿＿＿＿＿＿＿＿＿三部分组成。

5.汽车起动机按总体结构的不同,汽车起动机可分为＿＿＿＿＿＿＿＿＿＿＿＿＿＿＿＿、＿＿＿＿＿＿＿＿＿＿＿＿＿、和＿＿＿＿＿＿＿＿＿＿＿＿＿＿＿＿＿＿＿＿三种类型。

6.直流串励式电动机由＿＿＿＿＿＿＿＿、＿＿＿＿＿＿＿＿＿和＿＿＿＿＿＿＿＿组成。

7.减速型起动机的齿轮减速装置主要有＿＿＿＿＿＿＿＿＿＿＿＿＿＿速齿轮装置和＿＿＿＿＿＿＿＿＿＿＿＿＿＿＿＿＿＿＿＿两种形式。

8.起动机磁极的作用是产生＿＿＿＿＿＿＿＿＿＿;电枢的作用是产生＿＿＿＿＿＿＿＿＿＿。

9.换向器的作用是＿＿＿＿＿＿＿＿＿＿＿＿＿＿＿＿＿＿＿＿＿＿＿＿＿＿＿＿＿＿。换向器由＿＿＿＿＿＿和＿＿＿＿＿＿＿＿＿＿＿相间叠压而成。

10.直流串励式电动机电刷的作用是＿＿＿＿＿＿＿＿＿＿＿＿＿＿＿＿＿＿＿＿＿＿＿,盘形弹簧的作用是＿＿＿＿＿＿＿＿＿＿＿＿＿＿＿＿＿＿＿＿。

二、选择题

1.直流串励式起动机中的"串励"是指(　　)。
　A.吸引线圈和保持线圈串联连接
　B.励磁绕组和电枢绕组串联连接
　C.吸引线圈和电枢绕组串联连接

2.下列不属于起动机控制装置作用的是(　　)。
　A.使活动铁芯移动,带动拨叉,使驱动齿轮和飞轮啮合或脱离
　B.使活动铁芯移动,带动接触盘,使起动机的两个主接线柱接触或分开
　C.产生电磁力,使起动机旋转

3.永磁式起动机中用永久磁铁代替常规起动机的(　　)。
　A.电枢绕组　　　　B.磁场绕组　　　　C.电磁开关中的两个线圈

4.起动机空转的原因之一是(　　)。
　A.蓄电池亏电　　　B.单向离合器打滑　　C.电刷过短

5.不会引起起动机运转无力的原因是(　　)。
　A.吸引线圈短路　　　　　　　　　　B.蓄电池亏电
　C.换向器脏污　　　　　　　　　　　D.电磁开关中接触片烧蚀、变形

6.起动前自动变速器的汽车应将变速杆置于(　　)。
　A.P挡或N挡　　　　B.D挡　　　　　C.R挡

7.在判断起动机不能运转的过程中,在车上短接电磁开关端子30和端子C时,起动机不运转,说明故障在(　　)。
　A.起动机的控制系统中　　　　　　　B.起动机本身

8.起动机与蓄电池之间的导线连接松动时,会导致(　　)。
　A.不能起动　　　　B.起动无力　　　C.有异响

9. 减速起动机和常规起动机的主要区别在于(　　)不同。
   A. 直流电动机　　　　B. 控制装置　　　　C. 传动机构
10. 起动机驱动轮的啮合位置由电磁开关中的(　　)线圈的吸力保持。
   A. 保持　　　　　　　B. 吸引　　　　　　C. 保持与吸引线圈

三、判断题(对的打"√",错的打"×")

1. 电枢的作用是产生旋转的磁场。　　　　　　　　　　　　　　　　　(　　)
2. 常规起动机中,吸引线圈、励磁绕组及电枢绕组是串联连接。　　　　(　　)
3. 起动机中的传动装置只能单向传递力矩。　　　　　　　　　　　　　(　　)
4. 在起动机起动的过程中,吸引线圈和保持线圈中一直有电流通过。　　(　　)
5. 在永磁式起动机中,电枢是用永久磁铁制成的。　　　　　　　　　　(　　)
6. QD124 汽车起动机的功率为 >5~6kW。　　　　　　　　　　　　　　(　　)
7. 起动机励磁线圈和起动机外壳之间是导通的。　　　　　　　　　　　(　　)
8. 用万用表检查电刷架时,两个正电刷架和外壳之间应该绝缘。　　　　(　　)
9. 起动机电枢装配过紧可能会造成起动机运转无力。　　　　　　　　　(　　)
10. 减速起动机中的减速装置可以起到降速增扭的作用。　　　　　　　(　　)

四、问答题

1. 起动机由哪三大部分组成,它们的作用是什么?
2. 直流串励式电动机主要由哪些部件组成? 简述其基本工作原理?
3. 控制装置主要由哪些部件组成? 简述其基本工作原理。
4. 传动机构主要由哪些部件组成? 简述滚柱式单向离合器的单向传递转矩的原理。
5. 根据图 3-14 所示,简述起动机的工作过程。
6. 起动机使用时应注意什么?

项目四 汽车照明与信号系统

知识目标

1. 理解汽车前照灯的类型及对前照灯的要求；
2. 熟悉汽车照明与信号系统的组成及作用、各照明与信号装置的功用及结构特点；
3. 了解 AFS 系统的功能。

能力目标

1. 在实车上能正确指出各照明与信号装置的安装位置；
2. 能够正确操作各控制开关,使用照明与信号装置；
3. 能够看懂简单的照明控制电路；
4. 能够判别照明设备工作是否正常,能排除最常见的熔断丝断、继电器、接触不良、灯泡坏等故障；
5. 能够正确说出前照灯的使用注意事项。

模块一 汽车照明系统的组成与作用

为了保证汽车行驶安全和工作可靠,汽车上装有各种照明装置,主要用来照明道路,标示车辆宽度,照明车厢内部、仪表以及夜间车辆检修等。汽车照明设备按其安装位置和用途不同,可分为外部照明装置和车内照明装置。

一、车外照明装置

车外照明装置包括前照灯、雾灯、尾灯、牌照灯等。车上使用的照明装置的数量、结构形式以及安装位置因车型而异。各照明装置名称及特征见表 4-1。

各照明装置名称及特征　　　　表 4-1

名 称	作 用	安装位置	颜 色	功 率
前照灯	用来照明车前道路	汽车头部两侧	白色	远光灯:45~60W 近光灯:20~50W
雾灯	前雾灯:在雾天、下雪、暴雨或尘埃弥漫等情况下,照明车前道路。 后雾灯:以警示尾随车辆保持安全间距	汽车头部和尾部	前雾灯:橙黄色 后雾灯:红色	前雾灯:45~55W 后雾灯:21W 或 6W
牌照灯	确保行人在车后 20m 处看清牌照上的文字及数字	汽车尾部牌照上方或左右两侧	白色	5~10W

二、车内照明装置

常见车内照明装置包括顶灯、阅读灯、行李舱灯、门灯、踏步灯、仪表照明灯等。各照明装置名称及特征见表4-2。

各照明装置名称及特征　　　　　　表4-2

名　称	作　用	安装位置	颜色	功　率
顶灯	用来车内照明。有的车辆顶灯还兼有门灯的功能,当车门关闭不严时,顶灯点亮,提醒驾驶员注意	驾驶室或车厢内顶部	白色	5～10W
阅读灯	供乘员阅读时使用	乘客座位前部或顶部	白色	5～10W
行李厢灯	当开启行李舱盖时,该灯自动点亮,照亮行李舱空间	行李舱内	白色	5W
门灯	在车门打开时,门灯自动点亮	车门下方	红色	5W
踏步灯	用来照明车门的踏步处,确保乘客夜间上、下车的安全	车门上、下车踏板左、右两侧	白色	5W
仪表照明灯	用来夜间看清楚仪表	仪表板上	白色	2W

轿车常将示廓灯、前照灯和前雾灯组装在一起,称为组合前灯;将后转向灯、制动灯、尾灯、后雾灯和倒车灯等组装在一起,称为组合后灯,如图4-1所示。

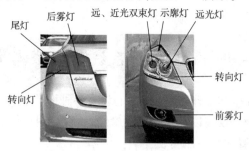

图4-1　组合灯

模块二　汽车前照灯

根据前照灯安装的数目不同,可分为二灯制和四灯制。二灯制前照灯在车前端的两侧各安装一个,使用近、远光双光束灯;四灯制前照灯并排安装,装于外侧的为近、远光双光束灯;装于内侧的为远光单光束灯。

一、对前照灯的要求

(1)前照灯必须保证车前有明亮而均匀的照明。使驾驶员能看清车前100m以外的路段及其物体。现代高速汽车其照明距离应达到200～250m。

(2)前照灯应具有防止炫目的装置,以免夜间会车时,使对方驾驶员炫目而造成交通事故。

二、前照灯的组成

前照灯主要由反射镜、配光镜和灯泡三部分组成,如图 4-2 所示。

(一)反射镜

反射镜的作用是最大限度地将灯泡发出的光线聚合成强光束,以增加照射距离。它一般呈抛物面状,内表面目前多采用真空镀铝。灯丝位于反射镜的焦点处,其大部分光线经反射后成为平行光束射向远方,其距离可达 150m 或更远,其聚光如图 4-3 所示。

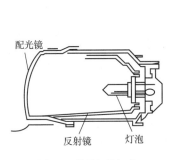

图 4-2　前照灯的组成

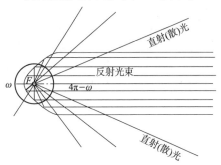

图 4-3　反射镜聚光示意图

(二)配光镜

配光镜又称为散光玻璃,装于反射镜之前,可将反射光束扩散分配,使路面的照明光线更加均匀。配光镜是由透明玻璃压制而成的棱镜和透镜的组合体,其光线分布如图 4-4 所示。

(三)灯泡

灯泡是前照灯的光源,前照灯目前广泛使用的灯泡有普通充气灯泡、卤钨灯泡、氙气灯泡、LED 灯泡等几种类型。

1. 普通充气灯泡

普通充气灯泡,如图 4-5 所示。普通充气灯泡内充氮气或其他惰性气体,充入惰性气体可以在钨丝发热膨胀后,增加玻璃内的压强,减少钨的蒸发,延长灯泡使用寿命。普通充气灯泡的优点是价格低,缺点是亮度不足、寿命短。

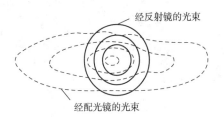

图 4-4　配光镜的光线分布示意图

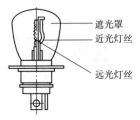

图 4-5　普通充气灯泡

2. 卤钨灯泡

卤钨灯泡如图 4-6 所示。灯泡内充入了卤族元素(一般为碘或溴),即为卤钨灯泡。卤钨灯泡是利用卤钨再生循环反应原理制成的。

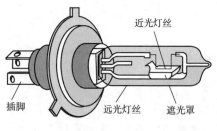

图 4-6　卤钨灯泡

卤钨再生循环反应原理是指从灯丝上蒸发出来的气态钨,与卤素反应生成一种挥发性的卤化钨,它扩散到灯丝附近的高温区又受热分解,使钨重新回到钨丝上,被释放的卤素继续扩散参与下一次的循环反应,如此周而复始地循环下去,防止了钨的蒸发和灯泡的黑化现象。因此,卤钨灯泡与普通充气灯泡相比较,具有寿命长、亮度大的特点。

3. 氙气灯泡(简称 HID 灯)

氙气灯没有灯丝,灯泡内充氙气和稀有金属,有两个电极,在高电压作用下,氙气电离发光,其灯泡的光色和日光灯相似,亮度是目前卤钨灯泡的 2.5 倍,寿命是卤钨灯泡的 5 倍。具有发光效率高、亮度高、寿命长等优点,缺点是价格昂贵、开关接通后灯亮有滞后现象、频繁开关氙气灯会缩短氙气灯泡使用寿命。如图 4-7 所示。

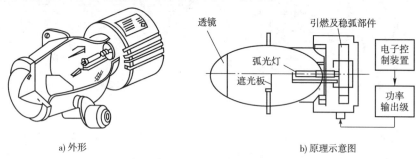

a) 外形　　　　　　　　　b) 原理示意图

图 4-7　氙气灯

4. LED 灯泡

汽车前照灯经历了一个从白炽灯到卤素灯再到 HID 灯的发展过程,然而,这些传统光源均属于真空或充气的玻璃灯具,它们有一个共同的缺点就是寿命不够长。

随着 LED 技术的进步,近年来在轿车上的应用日渐广泛,如奥迪、宝马等著名品牌汽车制造商已经广泛使用 LED 汽车灯泡。LED 灯具有发光效率高、亮度高、寿命长优点,缺点是价格昂贵、发光二极管怕热,要有专门散热装置,结构复杂,如图 4-8 所示。

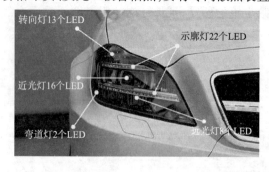

图 4-8　LED 组合灯

拓展知识

更换大灯灯泡时,由于卤素灯泡在使用时比普通灯泡温度高,如果机油或润滑脂粘在其表面,易出现破裂。而且,体汗中的盐可能沾污灯泡表面。因此,在更换灯泡时抓住凸缘部分,防止手指接触灯泡表面,如图4-9所示。

三、前照灯的防眩目解决方法

目前,前照灯防止眩目方法主要是采用带遮光罩的双丝灯泡,通过远光灯与近光灯的切换防止眩目。

前照灯中采用带遮光罩的双丝灯泡,远光灯丝位于反射镜的焦点上,功率为45~60W;近光灯丝位于反射镜焦点的上方或前方,功率为20~50W。这样在夜间行车时,当对面无来车时,可使用远光灯,能照亮车前方150m距离的路面;当对面来车时,则使用近光灯,由于近光灯光线较弱,且灯丝不在焦点上,经反射后的光线大部分射向车前的下方,所以,可避免对方驾驶员眩目。

在近光灯丝的下方装有遮光罩。当使用近光灯时,遮光罩能将近光灯丝射向反射镜下部的光线遮挡住,使其无法反射,这样就提高了防眩目效果。现代汽车广泛使用这种双丝灯泡,其结构如图4-10所示。

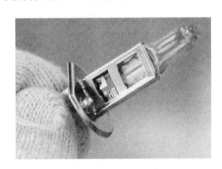 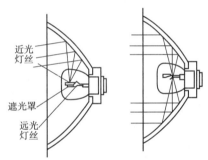

图4-9 换灯泡的正确操作　　　　图4-10 带遮光罩的前照灯泡

四、前照灯的分类

按照前照灯光学组件的结构不同,目前常用的前照灯可分为:半封闭式前照灯、封闭式前照灯和投射式前照灯。

(一)半封闭式前照灯

(1)结构特点:配光镜和反射镜靠卷曲在反射镜边缘上的牙齿紧固在一起,用橡胶圈密封,再用螺钉固定;灯泡从反射镜的后面装入,更换损坏的灯泡时不必拆开配光镜。如图4-11所示。

(2)优点:灯泡可更换,应用广泛。

(3)缺点:反射镜易被污染。

(二)封闭式前照灯

(1)结构特点:封闭式前照灯又称真空灯,反射镜和配光镜制成一体,形成一个整体,内部充以惰性气体,灯丝焊接在反射镜底座上,如图4-12所示。

(2)优点:可避免反射镜被污染,其反光效率高、使用寿命长。

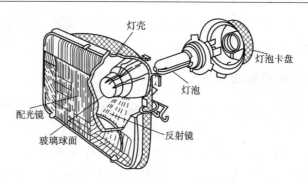

图 4-11 半封闭式前照灯

(3)缺点:当灯丝烧坏后,要更换前照灯整个光学总成。

(三)投射式前照灯

(1)结构特点:投射式前照灯椭圆形反射镜有两个焦点。第一焦点处放置灯泡,第二焦点在灯光中形成。凸形配镜的焦点与第二焦点重合。来自灯泡的光利用反射镜聚成第二焦点,再通过凸形配镜将聚集的光投射到前方。投射式前照灯采用的光源为卤素灯泡。

在第二焦点附近设有遮光板,可遮挡上半部分光,形成明暗分明的配光。由于它的这种配光特性可适用于前照灯近、远光灯,也可用作雾灯。如图 4-13 所示。

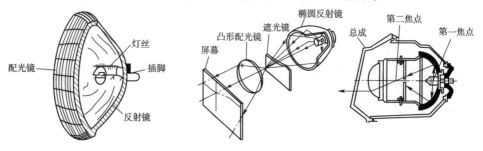

图 4-12 封闭式前照灯　　图 4-13 投射式前照灯

(2)优点:采用了凸形配光镜后,在远光、近光的状态下,光线不会太发散,不会造成刺眼,不影响对面来车的正常行驶,且对地面的照明效果非常好。

(3)缺点:结构复杂。

五、前照灯电路

前照灯电路主要由灯光开关、变光开关、前照灯继电器及前照灯组成。如图 4-14、图 4-15 所示。

(一)前照灯电路主要部件

1.灯光开关

灯光开关安装在仪表板或转向柱上。现代汽车上大多数是将前照灯、尾灯、转向灯及变光开关等制成一体的组合式开关,如图 4-16 所示。转动开关端部,可依次接通尾灯和前照灯挡。当将开关向下压,前照灯可由近光变远光;将开关向上扳,也可变为近光。在 OFF 挡位将开关向上扳,可点亮超车灯,松手后开关自动弹回关闭位置。

2. 前照灯继电器

继电器是利用电磁原理,实现自动接通或切断一对或多对触点,以完成用小电流控制大电流,以减小控制开关触点的电流负荷,起保护开关作用。

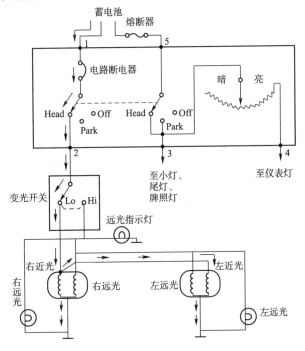

图 4-14　前照灯电路-变光开关在近光挡

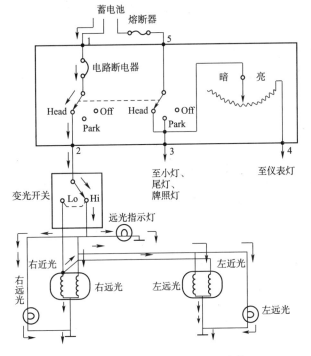

图 4-15　前照灯电路-变光开关在远光挡

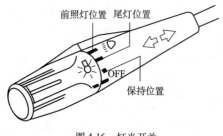

图 4-16 灯光开关

前照灯的工作电流大,特别是四灯制的汽车,若用车灯开关直接控制前照灯,车灯开关易损坏,因此在灯光电路中设有灯光继电器。其结构由一对触点和一个线圈组成,如图 4-17 所示。

前照灯继电器一般安装在中央线路盒的正面,图 4-18 所示为桑塔纳 2000 的继电器在中央接线盒的位置和名称。

3. 熔断器

安装在中央接线盒的正面。熔断器用于对局部电路进行保护,能长时间承受额定电流负载,但在超过额定负载 25% 的情况下,约 3min 熔断,而在超过额定负载 100% 时,则不到 1s 即会熔断。结构一定时,流过熔断器电流越大,熔断时间越短。

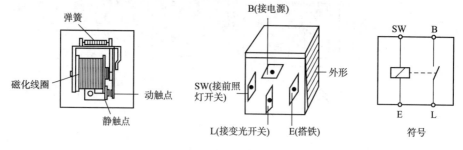

图 4-17 前照灯继电器

(二)灯光开关各挡位工作情况

(1)车灯开关尾灯挡(前照灯):蓄电池的电流经过熔断器、车灯开关尾灯挡、尾灯灯丝、搭铁(蓄电池负极)形成电流回路,尾灯、牌照灯、仪表灯点亮。

(2)车灯开关前照灯挡:蓄电池的电流经过熔断器、车灯开关前照灯挡、变光开关(近光)挡、前照灯近光灯丝、搭铁(蓄电池负极)形成电流回路,前照灯近光、尾灯、牌照灯、仪表灯点亮。

(3)车灯开关变光:蓄电池的电流经过熔断器、车灯开关前照灯挡、变光开关(远光)挡、前照灯远光灯丝、远光指示灯、搭铁(蓄电池负极)形成电流回路,前照灯远光、远光指示灯、尾灯、牌照灯、仪表灯点亮。

图 4-18 桑塔纳 2000 的继电器在中央接线盒

(4)灯光开关位于 OFF 挡时,将开关向上扳,超车灯(远光灯)点亮,松手后开关自动弹回位,超车灯(远光灯)熄灭。

六、前照灯的使用注意事项

(1)防止水分及灰尘进入前照灯。
(2)要按车型,配套使用灯泡等光学组件。
(3)灯总成在车上安装要牢固。

模块三 前照灯的电子控制装置

为了提高汽车行驶的安全性和方便性,很多新型车辆采用了电子控制装置,以实现对前照灯的自动控制。

一、前照灯自动变光系统

前照灯自动变光系统能够根据迎面来车的灯光,自动调节前照灯的近光和远光。当在200m以外有对方车辆灯光信号时,变光器能够自动地将本车的远光变为近光,避免了给对方驾驶员带来的眩目;两车相会后,前照灯又可自动恢复为远光。该系统主要由光传感器、信号放大器和功率继电器等组成,光传感器一般安装于通风栅之后、散热器之前。

二、前照灯昏暗自动发光系统

前照灯昏暗自动发光系统能够在汽车行驶过程中(并非夜间行驶),当汽车前方自然光的强度减低到一定程度时,自动将前照灯电路接通,开灯行驶以确保行车安全。例如汽车通过高架桥、林荫小道、树林或天空突然乌云密布等情况下,能够自动接通前照灯电路,为车辆行驶提供足够的照明。

昏暗自动发光器的作用是在汽车行驶过程中(并非夜间行驶),当汽车前方自然光的强度降低到一定程度,如汽车通过高架桥、林荫小道或天空突然乌云密布等,发光器便自动将前照灯电路接通,开灯行驶以确保行车安全,如图4-19所示。

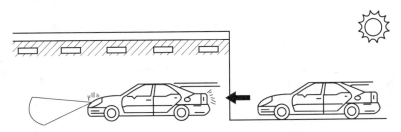

图4-19 前照灯昏暗自动发光示意图

昏暗自动发光器一般安装在汽车仪表板上。这种轿车的灯光控制开关都设有自动挡位。

三、前照灯自动关闭延时器

前照灯自动关闭延时器是一种自动关闭前照灯的控制装置,当汽车停驶时,为驾驶员下车离去提供一段照明时间。

有些汽车上还装有 DRL(Daytime Running Light,日间行驶灯)系统,可以自动减弱前照灯在白天使用时的发光强度,以延长灯泡的使用寿命,降低电能的消耗。另外,有些汽车装有灯光损坏传感器,可以在前照灯、尾灯或制动灯等灯泡损坏时,发出警报,提醒驾驶员。

四、自适应前照灯系统(AFS 系统)

(一)自适应前照灯系统的功用

自适应前照灯系统能根据车辆的行驶状况、路面状况以及天气来适时的调节前照灯的照射角度、形状、光亮度以及照射时间,从而达到相应状况下的最优照明表现。

(二)自适应前照灯系统的组成

自适应前照灯系统除了有普通前照灯系统的组成外,还有一套前照灯光照角度自动调整装置,该自动调整装置主要有车身高度传感器、转向角度传感器、速度传感器,自适应前照灯系统控制器(ECU),自适应前照灯系统执行器(前照灯水平驱动电机、前照灯左右旋转电机)。如图 4-20 所示。

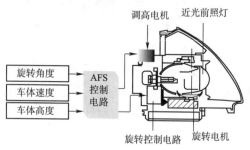

图 4-20　前照灯昏暗自动发光示意图

(三)自适应前照灯系统的功能

自适应前照灯控制系统能够显著改善各种路况下的照明效果,提高夜间行车安全。

(1)乡村道路模式:基本光型模式。

(2)高速公路模式:高速路上照射距离更远,灯光更汇聚,亮度更强。

(3)城市道路模式:在城市道路上,将左灯光轴向左下方旋转(车辆靠右行驶),提高驾驶员左侧人行道上的照明。

(4)恶劣天气模式:雨/雪/雾天时,通过压低、分散前照灯的照明角度,防止在车前形成聚光,减小光线通过地面积水反射对迎面车辆造成眩光的效应,同时提高驾驶员近前方和左右侧的照明,保证行车安全,如图 4-21 所示。

 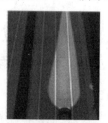 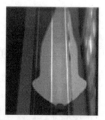 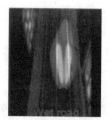

a)乡村道路模式　　b)高速公路模式　　c)城市道路模式　　d)恶劣天气模式

图 4-21　AFS 各种路况照明效果

(5)仪表盘故障指示:对系统的故障进行诊断,当系统发生故障不能正常工作时,通过仪表盘提醒驾驶员,除 CAN 总线故障报警外,还可提供一路输出用于驱动仪表盘内故障指示灯。

(6)前照灯随动转向:车辆转弯时,行驶方向与前照灯不一致,所以不可避免地存在照明的暗区,为了实现弯道旋转照明的功能,自适应前照灯系统控制器(ECU)从车速传感器获取车速、转向盘角度传感器获取转向盘转角、车身高度传感器获得车身倾斜角度精确信息。自适应前照灯系统控制器(ECU)计算以后产生输出信号控制旋转马达对前照灯进行左右旋转,给弯道以足够的照明,如图 4-22 所示。

(7)旅行模式:车辆从靠右(靠左)行驶的国家开到靠左(靠右)行驶的国家时,临时切换灯光照射角度,避免造成对面驾驶员炫目。

(8)静态调光:根据静荷载变化(乘员数量/位置/行李舱物品载重)自动调整光照高度。

(9)动态调光:根据车速和行车过程中(急加速、急减速、上下坡等)车身高度的动态变化来改变车灯的俯仰角,以保证合理的照射距离,如图4-23所示。

a)无随动转向

b)有随动转向

图4-22 前照灯随动转向

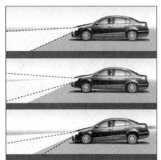
虚线表示无动态调光的光照角度

图4-23 前照灯动态调光

(10)路面识别:在各种颠簸路面和短时间路面冲击(减速路障)下,前照灯照射距离不会进行频繁调整,防止驾驶员眼睛疲劳。

拓展知识

常见的照明系统故障及处理方法:
(1)灯泡损坏,处理方法:更换灯泡。
(2)熔断丝损坏,处理方法:更换熔断丝。
(3)继电器损坏,处理方法:更换继电器。
(4)电线插头接触不良,处理方法:摇动电线插头及插座或把电线插头从插座拔出再插入可能排除故障。

模块四 汽车信号系统

汽车信号系统的作用是产生特定的灯光和声响信号,向其他车辆的驾驶员和行人发出警告,以引起注意,确保汽车的行驶安全。

汽车信号装装置主要包括灯光信号及声响信号等,信号系统的种类及特征见表4-3。

信号系统的种类及特征   表4-3

名称	作用	安装位置	颜色	功率
转向灯	在汽车起步、转弯、变更车道或路边停车时,发出明暗交替的闪烁信号,表示汽车的行驶的方向,提醒周围车辆驾驶员和行人注意	汽车头部、尾部及两侧	橙色或黄色	20W
危险警告灯	左右转向灯同时闪亮,表示有紧急情况	汽车头部、尾部及两侧	橙色或黄色	20W
倒车灯	照明车辆后面,同时警告后方的车辆驾驶员及行人注意安全	汽车尾部	白色	20W

续上表

名　称	作　用	安装位置	颜　色	功率
制动灯	在汽车制动或减速时,向后车驾驶员发出灯光信号,以警告尾随的车辆,防止追尾	汽车尾部	红色	20W
示廓灯、尾灯	汽车夜间行驶或停车时标示车辆宽度或存在	汽车头部、后部和侧面	前:白色或黄色;后:红色;侧:黄色	5~10W
示廓灯	标示车辆轮廓	车身前后左右四角	红色	5~10W
指示灯	指示某一系统是否处于工作状态	仪表板上	红色、绿色或黄色	2W
报警灯	用来监测汽车各系统的技术状况	仪表板上	红色或黄色	2W
电喇叭	发出声响信号,警告行人和车辆,确保行车安全	汽车头部	—	—
倒车蜂鸣器	倒车时,发出声响信号,警告车后的行人和车辆	汽车后部	—	—

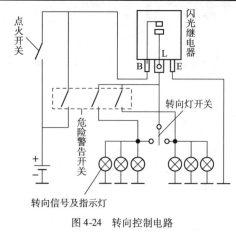

图 4-24　转向控制电路

一、转向信号装置

转向信号装置一般由 6~8 个转向信号灯及转向信号指示灯、转向信号灯开关、闪光器继电器、危险警告开关组成。图 4-24 所示为转向控制电路。

当转向灯开关向左(右)扳动时,电流经蓄电池→点火开关→熔断丝→闪光继电器→转向灯开关→左(右)前、后、侧转向灯及信号指示灯搭铁,转向灯以 60~120 次/min 的速率不断闪烁,以告知其他驾驶员及行人车辆转弯方向。

拓展知识

若其中一个灯泡烧坏时,转向灯闪烁的周期变短,驾驶员可立即发现问题。

在有危险的情况下,直接接通危险警告开关,所有的转向灯闪烁,警告其他驾驶员及行人注意危险。

拓展知识

当闪光器有故障时,全部的转向灯均不亮;当更换功率较大的灯泡时,转向灯的闪光频率低;当更换功率较小的灯泡时,转向灯的闪光频率高。

二、制动与倒车信号装置

1. 制动信号装置

制动信号灯装置由制动信号灯、制动信号灯开关组成;制动时制动踏板摆臂顺时针转动,制动信号灯开关接通,蓄电池的电流通过熔断器、制动信号灯开关、制动信号灯形成回路,制动信号灯亮,通知后面车辆该车正在制动,以避免后面车辆与其相碰撞。制动信号灯开关安装在制动踏板的上方,如图 4-25 所示,制动信号灯控制电路,如图 4-26 所示。

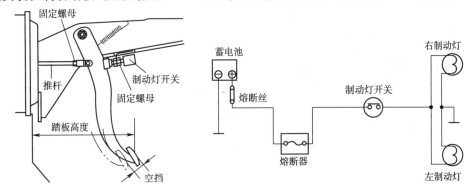

图 4-25 制动信号灯开关　　　　图 4-26 制动信号灯控制电路

2. 倒车信号装置

倒车信号装置主要由倒车开关、倒车灯、倒车蜂鸣器等部件组成。倒车信号灯控制电路,如图 4-27 所示。

三、电喇叭信号装置

喇叭信号装置由电喇叭、喇叭继电器以喇叭按钮组成。

1. 电喇叭的结构类型

电喇叭有筒形、螺旋形和盆形等不同的结构形式。在中小型汽车上,由于安装的位置限制,多采用盆形电喇叭。盆形电喇叭具有体积小、质量轻、指向好、噪声小等优点。如图 4-28 所示。

2. 电喇叭的结构及工作原理

电喇叭是利用电磁振动产生声响的。

图 4-27 倒车信号灯控制电路

a) 螺旋形喇叭　　　b) 盆形喇叭　　　c) 筒形喇叭

图 4-28 喇叭的结构形式

盆形电喇叭的结构,如图 4-29 所示。其电磁铁采用螺管式结构,铁芯上绕有线圈,上、下铁芯间的气隙在线圈中间,所以能产生较大的吸力。它没有扬声筒,而是将上铁芯、膜片和共鸣片固装在中心轴上。当按钮接通时,线圈通电产生电吸力,使衔铁下移,膜片弯曲,触点被压开,电磁线圈电路断路,电吸力消失,膜片的弹性使膜片及衔铁弹回,触点接通,电磁线圈电路再次接通。如此循环,使膜片与共鸣片产生一定频率的振动,从而发出声音。

电喇叭的控制电路如图 4-30 所示,采用喇叭继电器可以用通过喇叭按钮的小电流控制通过触点的大电流,可以减少通过喇叭按钮的电流,以保护喇叭按钮。

当按下喇叭按钮时,来自蓄电池的电流会通过喇叭继电器的电磁线圈及喇叭按钮搭铁,喇叭继电器的电磁线圈产生磁力力使继电器的触点闭合,电流通过喇叭继电器触点到达喇叭线圈,使喇叭内部的衔铁工作,从而使膜片振动而发出声音。

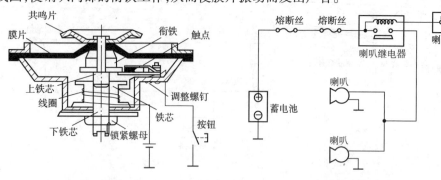

图 4-29　盘形喇叭的结构图　　　　图 4-30　电喇叭控制电路

拓展知识

按下喇叭开关,如果喇叭有时响,有时不响,多是喇叭开关内部的触点接触不好,有些也是喇叭本自身的问题,完全不响首先检查熔断丝是否熔断。

思考练习题

一、填空题

1. 照明系统主要用来_____,_____,_____、仪表以及夜间车辆检修等。汽车照明设备按其安装位置和用途不同,可分为_____和_____。

2. 车外照明装置包括_____、_____、_____、_____等。

3. 常见车内照明装置包括_____、_____、_____、_____、_____、_____等。

4. 前雾灯的作用是_____,后雾灯的作用是_____。

5. 按照前照灯光学组件的结构不同,目前常用的前照灯可分为:_____、_____和_____。

6. 前照灯主要由_____、_____和_____三部分组成。

7. 灯光开关安装在_____或_____上。

8. 汽车信号装装置主要包括_____及_____等。

9. 电喇叭有_____、_____和_____等不同的结构形式。

10. 汽车减速时,_____灯自动点亮。

二、选择题

1. 前照灯四灯并排安装时,靠内侧的两个前照灯是(　　)。
　　A. 远光灯　　　B. 近光灯　　　C. 远光/近光双束光灯　　　D. 没有具体要求

2. 采用双丝灯泡的前照灯,遮光罩能遮挡(　　)向反射镜下部发出光。
　　A. 远光灯丝　　　B. 近光灯丝　　　C. 远光、近光灯丝

3. 后雾灯的颜色是(　　)。

A. 白色　　　　　　B. 黄色　　　　　　C. 红色　　　　　　D. 橘黄色
4. 可将反射光束扩散分配,使路面的照明光线更加均匀的是(　　)。
　　A. 反射镜　　　　　B. 配光镜　　　　　C. 灯泡
5. 发光效率高、亮度高、寿命长,无灯丝的灯泡是(　　)。
　　A. 普通充气灯泡　　B. 卤钨灯泡　　　　C. 氙气灯
6. 前照灯能最大限度地将灯泡发出的光线聚合成强光束是(　　)。
　　A. 反射镜　　　　　B. 配光镜　　　　　C. 灯泡
7. 自适应前照灯系统执行器有(　　)。
　　A. 前照灯左右移动电动机
　　B. 前照灯左右旋转电动机
　　C. 前照灯水平驱动电动机
8. 目前中小型车上广泛使用的电喇叭是(　　)结构形式。
　　A. 筒形　　　　　　B. 螺旋形　　　　　C. 盆形
9. 制动信号灯电路中制动开关是控制(　　)电路的。
　　A. 电源端　　　　　B. 搭铁端
10. 下列属于报警灯的是(　　)。
　　A. 自动变速器挡位灯　B. 发动机故障　　　C. 驻车制动灯

三、判断题(对的打"√",错的打"×")

1. 对汽车前照灯只有照明距离的要求,无光学要求。　　　　　　　　　　(　　)
2. 汽车尾灯有标示车辆宽度的作用。　　　　　　　　　　　　　　　　　(　　)
3. 反射镜有聚光作用。　　　　　　　　　　　　　　　　　　　　　　　(　　)
4. 封闭式前照灯是可以更换灯泡的。　　　　　　　　　　　　　　　　　(　　)
5. 在更换灯泡时抓住凸缘部分,防止手指接触灯泡表面。　　　　　　　　(　　)
6. 灯光开关一旦接通,汽车的尾灯、前照灯、仪表灯及牌照灯就会点亮。　(　　)
7. 变光开关是用来切换前照灯的远光和近光的,它也有 OFF 挡位。　　　 (　　)
8. 前照灯使用继电器,主要是为了保护前照灯。　　　　　　　　　　　　(　　)
9. 熔断器用于对局部电路进行保护。　　　　　　　　　　　　　　　　　(　　)
10. 前照灯自动变光系的光传感器一般安装在通风栅之后、散热器之前。　(　　)
11. 当某一系统出现异常情况时,对应的报警灯亮,提醒驾驶员该系统出现故障,灯光为红色、绿色或黄色。　　　　　　　　　　　　　　　　　　　　　　　　(　　)
12. 大部分车辆的危险报警灯与转向灯是共用同一灯泡的。　　　　　　　(　　)

四、问答题

1. 什么是前组合灯?什么是后组合灯?
2. 简述带遮光罩的双丝前照灯是如何防止眩目的?
3. 使用前照灯应注意哪些事情?
4. 自适应前照灯系统有何功用?该系统使用的传感器有哪些?
5. 依据图 4-14 所示,指出近光灯的电路。
6. 电喇叭控制电路为什么使用继电器?
7. 电喇叭是如何产生声响的?

项目五　汽车仪表信息系统

知识目标

1. 掌握汽车仪表信息系统的种类、作用；
2. 理解汽车仪表信息系统的组成、各装置的结构类型及作用。

能力目标

1. 在实车上能正确指出主要仪表信息系统各装置传感器的安装位置；
2. 在实车上根据仪表信息系统的显示状况会判断汽车各系统的工作是否正常；
3. 在实车上能正确说明每一个信息符号的名称，并能正确解释其含义。

模块一　汽车仪表信息系统的组成与作用

汽车仪表信息系统的作用是汽车与驾驶员进行信息交流的界面，为驾驶员提供必要的汽车运行信息，同时也是维修人员发现和排除故障的重要工具。

汽车仪表主要有机油压力表、水温表、燃油表、发动机转速表和车速里程表等，信息主要有充电警告灯、机油压力警告灯、ABS 警告灯、冷却液温度警告灯、发动机故障警告灯、燃油油量警告灯、安全气囊警告灯、远光灯指示灯、挡位指示灯、转向信号指示灯、驻车制动器及制动液液位过低警告灯、安全带未系警告灯、车门未关妥警告灯等，如图 5-1 所示。不同的车型及不同的配置，汽车仪表信息系统有所差异，如表 5-1 所示。

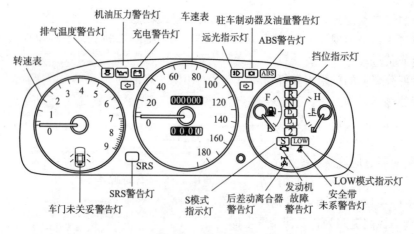

图 5-1　汽车组合仪表

汽车仪表信息系统显示的主要内容　　　　　　　　　　表 5-1

仪表装置		信息装置	
名　称	显示形式	名　称	显示形式
发动机转速表	指针/光柱	机油压力过低报警	灯光/声音
车速量程表	指针/数字显示	冷却液位过低报警	灯光/声音
燃油表	指针/光柱	车上、行李舱开闭状态报警	灯光/声音
冷却液温度表	指针/光柱/数字显示	驻车制动状态、制动液位过低报警	灯光/声音
蓄电池充电指示灯	灯光	安全带未系警告	灯光/声音
AT挡位显示	字母+数字显示	SRS、ABS、发动机等电控系统故障	灯光/声音
瞬时平均油耗	数字显示	刹车片磨损极限报警	灯光/声音
防盗状态显示	灯光	风窗洗涤液缺少报警	灯光/声音
轮胎气压监控显示	数字显示	离车未关门报警	灯光/声音
远光、雾灯、示廓灯、转向灯	灯光	离车未关灯报警	灯光/声音
时钟	数字显示	离车钥匙未拔报警	灯光/声音

随着电子技术的发展,多功能、高精度、高灵敏度、读数直观的电子数字显示及图像显示的仪表不断在汽车上应用。汽车仪表正向综合信息系统的方向发展,其功能不局限于现在的车速、里程、发动机转速、油量、水温、转向灯指示等,还增添了一些新功能,例如带ECU(电子控制单元的简称,又称"汽车电脑")的智能化汽车仪表,能指示安全系统运行状态,如轮胎气压、制动装置、安全气囊等。车速表、发动机转速表及燃油油量表被集网络诊断和数字显示功能于一体的触屏式液晶屏幕所取代,并具有车载动态信息系统的故障自诊断、道路自主导航、电子地图、车辆定位动态显示等功能。

模块二　汽车仪表装置

汽车仪表按工作原理可划分机械式、模拟电路式和数字式等种类。现代汽车普遍使用电子组合仪表可分为模拟电路式和数字式组合仪表。

一、发动机转速表

发动机转速表用于指示发动机的运转速度,提示换挡、经济运行。电子式转速表获取转速信号有两种方式,即来自发动机的转速传感器或点火系。发动机运转时,转速传感器将发动机转速脉冲电子信号通过发动机ECU传输到驱动电路,发动机转速表驱动电路使转速表指针偏转,指示对应的发动机转速值。

二、车速里程表

车速里程表是用来指示汽车行驶速度和累计行驶里程数。电子式车速里程表主要由车速传感器、车速里程表驱动电路、车速表和里程表三部分组成。

车速传感器由变速器输出端齿轮驱动,车速传感器产生脉冲电子信号,经发动机ECU传输到驱动电路,驱动电路使车速里程表工作,指示对应的车速值和累计里程。

三、发动机冷却液温度表

发动机正常工作冷却液温度在 85~105℃,冷却液温度表用来检测和显示发动机水套中冷却液的温度。以防因冷却液温度过高而使发动机过热。

发动机冷却液温度表由位于仪表板上冷却液指示表和装在发动机汽缸盖上水套的水温传感器两部分组成,热敏电阻式冷却液温度传感器将冷却液温度转换为电压信号传输到冷却液指示表,驱动冷却液指示表指示对应的温度。

四、燃油油量表

燃油油量表用来检测和显示燃油油箱中燃油的实际油量。燃油油量传感器内置于油箱中,油箱油面变化时,油量传感器浮子位置移动,传感器可变电阻变化转变为电流信号,驱动燃油油量表指示油箱中对应的燃油量。

如图 5-2 所示为模拟电路组合仪表。通过发动机 ECU 传来的转速信号与变速器输出的车速信号、冷却液传感器的冷却液温度信号、燃油箱内油量传感器的油量信号直接进入电子组合仪表,经组合仪表的驱动电路,使仪表显示对应的发动机转速、车速、冷却液温度、燃油油量。

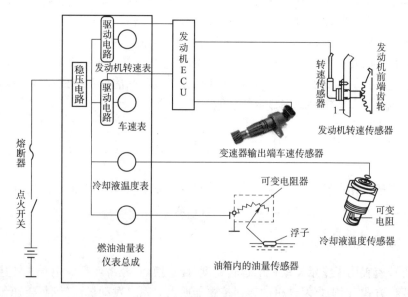

图 5-2 电子式组合仪表

数字式组合仪表由传感器、ECU、显示装置组成。

数字式组合仪表用发光二极管或液晶显示器的光点或光条显示数字、长度、宽度,表示车速、发动机转速、燃油油量、冷却液温度数值。

来自发动机的转速传感器或点火系的发动机转速脉冲电子信号,变速器输出端车速传感器的信号、冷却液温度传感器信号及燃油传感器信号通过仪表及信息系统 ECU 传输到处理驱动电路,处理驱动电路使显示器显示对应的发动机转速、车速、冷却液温度、燃油油量。数字式组合仪表系统如图 5-3 所示。

项目五 汽车仪表信息系统

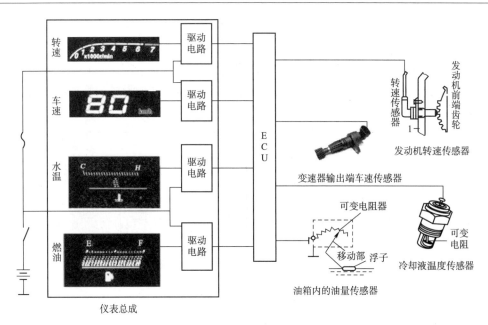

图 5-3 数字式组合仪表系统

模块三 汽车信息装置

为了保证汽车行驶安全和工作可靠,汽车上装有各种信息装置,当汽车某一部件或系统出现工作不良或特殊状态,引起汽车驾驶员的注意,保证汽车可靠工作和安全行驶,防止事故发生。

常见的汽车信息装置有冷却液温度过高警告灯,它的传感器装在发动机缸盖或缸体冷却水道上;机油压力过低警告灯,它的传感器装在发动机润滑主油道上;燃油油量过少警告灯,它的传感器装在油箱内;制动液液位过低警告灯,它的传感器装在制动总泵的储液室内;驻车制动器工作指示灯、驻车信号开关大多装在手制动操纵杆下方;还有部分警告灯、指示灯与各电控系统有较大关联,如 ABS、安全气囊系统等汽车电控制系统的警告灯。主要信息装置的工作原理,如图 5-4 所示。

一、机油压力过低报警

发动机工作时,正常机油压力一般 0.20~0.25MPa,约为 2~2.5kg 压力,当机油低于 0.05~0.1MPa,机油压力不足报警开关闭合,电流通过警告灯和报警开关形成回路,机油压力过低警告灯点亮。

二、冷却液温度过高报警

发动机工作时,正常冷却液温度一般 70~110℃,当冷却液温度高于 120℃,电控发动机电脑 ECU 通过冷却液温度传感器电压信号检测冷却液温度过高,接通警告灯电路,冷却液温度过高警告灯点亮。

三、燃油油量过少报警

燃油油量除了有燃油油量表指示之外,当燃油油量过少时,为了防止驾驶员的疏忽,燃油油量传感器检测燃油油量过少信号传给仪表 ECU,接通燃油油量过少警告灯电路,燃油油量过少警告灯点亮。

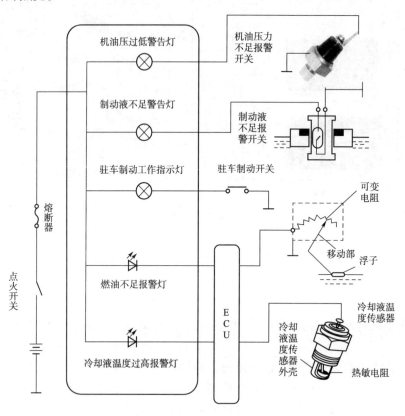

图 5-4　汽车信息装置的工作原理

 拓展知识

现代汽车燃油油量表与燃油油量过少警告灯大多共用燃油油量传感器。

四、制动液液位过低报警

当制动液液位过低时,制动液液位过低报警开关接通,电流经过制动液液位过低报警灯、报警开关形成回路,制动液液位过低报警灯点亮。

五、未释放驻车制动操纵杆报警

拉紧驻车制动操纵杆时,驻车制动开关闭合,电流经过驻车制动指示灯、驻车制动开关形成回路,指示灯点亮。当未释放驻车制动操纵杆而行车,报警声响起。

模块四　汽车仪表信息系统常见符号

汽车仪表盘上有各种仪表、指示灯、警告灯等符号,它们的具体含义如表5-2所示。

汽车仪表信息系统常见符号含义　　　　　　表5-2

符号	含义
🔋	充电指示灯——显示蓄电池工作状态的指示灯。接通点火开关后亮起,发动机起动后熄灭,表示蓄电池处于充电状态。如果不亮或长亮不灭,应立即检查发电机及充电电路
🛢	机油压力过低指示灯——显示发动机机油压力过低的指示灯,接通点火开关后亮起,发动机起动后熄灭,若长亮不灭表示发动机润滑系统压力不足,可能有渗漏、缺少润滑油,此时,应立即停车关闭发动机进行检查
🌡	冷却液温度过高指示灯——正常情况不亮,此灯点亮报警时,表示冷却液温度过高,应即时停车并关闭发动机,应检查冷却液面高度、冷却风扇运转等情况,确认正常再运行发动机
⛽	燃油不足指示灯——此灯点亮报警时提示燃油不足,一般从该灯亮起到燃油耗尽之前,车辆还能行驶约50km
🔧	发动机电控系统故障指示灯——接通点火开关后亮起,发动机起动后熄灭,不亮或长亮表示发动机电控系统故障,应及时进行检修
🚗	安全气囊系统故障指示灯——接通电门后点亮,3~4s后熄灭,表示系统正常,不亮或常量表示安全气囊系统存在故障
🧍	安全带指示灯——系好安全带熄灭,有的车还会有声音提示
ABS	ABS系统故障指示灯——接通电门后点亮,3~4s后熄灭,表示系统正常。不亮或长亮则表示系统故障,此时的制动系统还可以工作,只是没有制动时防止车轮抱死功能,可继续低速行驶,但应避免紧急制动
🚪	车门状态指示灯——车门打开或未能关闭时,车门状态指示灯亮起,提示驾驶员车门未关好,车门关闭后熄灭
(!)	制动液不足与驻车制动共用的指示灯——制动液不足时指示灯会点亮,提示驾驶员制动系统有可能失效,处于危险状态;有些车型驻车制动手柄(即手制动)拉起时,此灯也点亮
(P)	驻车指示灯——驻车制动手柄(即手制动)拉起时,此灯点亮。制动手柄被放下时,该指示灯自动熄灭,有的车型在行驶中未放下制动手柄时会伴随有警告音

续上表

图标	说明
⊚	制动盘指示灯——显示制动盘片磨损情况的指示灯。正常情况下此灯熄灭，点亮时提示驾驶人制动片磨损到规定数值，应及时更换磨损过度的制动片，修复后熄灭
EPC	EPC(Electronic Power Control)，是发动机电子稳定控制系统指示灯——该灯多见于大众公司的车型中，点火开关接通开始自检时，EPC 灯会点亮数秒，随后熄灭，出现故障，该灯亮起，应及时进行检修
⊨D	远光指示灯——显示大灯是否处于远光状态，通常的情况下该指示灯为熄灭状态。在远光灯接通和使用远光灯瞬间点亮功能时亮起
≡D	近光指示灯——显示大灯处于近光状态，有的车型有近光指示灯，通常接大灯开关时，默认是近光
⇔	转向指示灯——转向灯闪亮时，相应的转向灯指示灯按一定频率闪烁。按下危险警告灯按键时，转向指示灯闪亮，转向灯熄灭后，转向指示灯自动熄灭
O/D OFF	O/D OFF 指示灯——自动变速器 O/D 挡(Over-Drive)超速挡，当按下 O/D 开关，说明启用 O/D 挡，再按下 O/D 开关就关闭 O/D 挡，同时 O/D OFF 指示灯亮起，表示关闭 O/D 挡，此时加速能力获得提升，但会增加油耗
⊂	空调内循环指示灯——该指示灯是用来显示车辆空调通风系统的工作状态，当按下内循环开关，该指示灯点亮，空调系统关闭外循环，空气在车厢内循环，即内循环
VSC	VSC 指示灯——该指示灯是用来显示车辆 VSC(车身稳定控制系统)的工作状态，多出现在日系车上，在默认状态 VSC 工作，按下 VSC 开关即关闭 VSC 系统，VSC 指示灯点亮时，说明 VSC 系统已被关闭。 车身稳定控制系统，丰田称为 VSC 系统，博世称为 ESP 系统
🚗OFF	点火开关闭合时 ESP 系统默认为启用状态，按下车辆的 ESP OFF 开关关闭车辆的 ESP 系统，此灯点亮，提示 ESP 关闭
🚗	点火开关闭合时 ESP 系统默认为启用状态，当 ESP 真正起作用时，此灯闪亮，表示 ESP 正制动某个别车轮帮助车辆转弯或修正为驾驶员所需要的方向，提示驾驶员车辆处于失控边缘
ESP	ESP OFF 开关——该按键是用来打开、关闭车辆的 ESP，车辆的 ESP 系统默认为工作状态，为了享受更直接的驾驶感受，驾驶员可以按下该按键关闭 ESP OFF 系统，此时 ESP 系统关闭失去作用
O/D OFF D	O/D OFF 或 D 灯闪烁，表示自动变速器电控系统出现故障。 注：丰田 O/D OFF，本田 D，其他车系自动变速器电控系统故障指示灯图形不同

项目五　汽车仪表信息系统

续上表

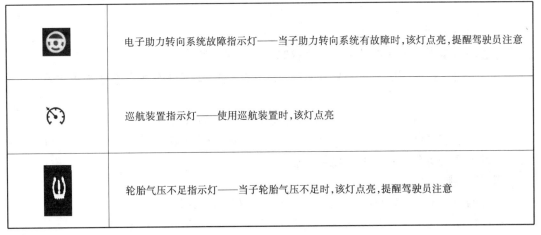

思考练习题

一、填空题

1. 汽车仪表主要有＿＿＿＿＿、＿＿＿＿＿、＿＿＿＿＿、＿＿＿＿＿和车速里程表等。

2. 数字式仪表由＿＿＿＿＿、＿＿＿＿＿、＿＿＿＿＿组成。

3. 驻车信号开关大多装在＿＿＿＿＿＿＿＿＿＿＿＿＿＿＿＿＿。

二、选择题

1. 下列哪个符号表示驻车指示灯？（　　）

　　A. ⊙　　　　B. Ⓟ　　　　C. ⊙　　　　D. ⊙

2. 数字式组合仪表用发光二极管或液晶显示器的光点或光条显示（　　），表示车速、发动机转速、燃油油量、冷却液温度数值。

　　A. 数字　　　B. 长度　　　C. 宽度　　　D. A + B + C

3. 冷却液温度传感器装在（　　）。

　　A. 发动机排水管　　　　B. 发动机进水管上

　　C. 发动机冷却水道上　　D. 发动机 ECU 上

4. 当仪表上 点亮时,说明发动机冷却液温度（　　）。

　　A. 正常　　　B. 过低　　　C. 过高

5. 车身稳定控制系统,丰田称为（　　）系统。

　　A. ESP　　　B. EPS　　　C. VSC

三、判断题（对的打"√",错的打"×"）

1. 当指示灯 ⊙ 点亮时,说明安全气囊系统有故障。　　　　　　　　　　（　　）

2. 数字式仪表信息系统可以具有车载动态信息系统的故障自诊断、道路自主导航、电子地图、车辆定位动态显示等功能。　　　　　　　　　　　　　　　　　　（　　）

3. 充电指示灯是显示蓄电池工作状态的指示灯。接通点火开关后亮起,发动机起动后熄灭,表示蓄电池处于放电状态。( )
4. 汽车仪表信息系统电路受点火开关控制。( )
5. 燃油油量表使用的可变电阻式传感器安装在燃油箱内。( )
6. 发动机转速表获取转速信号有两种方式,即来自发动机的转速传感器或点火系。( )
7. 模拟电路式组合仪表与数字式组合仪表的区别是后者带有 ECU。( )
8. 通常按前照灯开关时,默认是近光,所以远光指示灯点亮。( )
9. 点火开关闭合时 ESP 系统默认为启用状态。( )

四、问答题

1. 常见的汽车信息装置有哪些?试叙述汽车仪表信息系统的作用。
2. 在行驶中的车辆,当冷却液温度过高报警灯点亮时,应如何处理?
3. 试叙述数字式组合仪表的工作原理。

项目六 汽车辅助电器系统

知识目标

1. 掌握电动刮水器和风窗洗涤器、电动车窗、电动后视镜、电动座椅、倒车雷达的作用与组成；
2. 理解电动刮水器和风窗洗涤器、电动车窗、电动后视镜、电动座椅、倒车雷达各装置的类型及基本结构、主要零部件的作用。

能力目标

1. 会正确使用电动刮水器和风窗洗涤器、电动车窗、电动后视镜、电动座椅、倒车雷达；
2. 能正确指出电动刮水器和风窗洗涤器、电动车窗、电动后视镜、电动座椅、倒车雷达等装置在车上的安装位置；
3. 能够初步判断电动刮水器和风窗洗涤器、电动车窗、电动后视镜、电动座椅、倒车雷达等装置的性能是否正常。

为了提高车辆的安全性和舒适性，汽车上普遍使用了电动刮水器和风窗洗涤器、电动车窗、电动后视镜、电动座椅、倒车雷达等辅助电器设备。

模块一 电动刮水器与风窗洗涤器

为了在各种使用条件下保证风窗玻璃表面干净、清洁，使驾驶员视觉效果良好，在车辆上安装了电动刮水器、风窗清洗装置和后窗除霜装置。

一、电动刮水器的作用与组成

目前汽车上广泛使用的是电动刮水器。电动刮水器一般安装在汽车前风窗下，部分汽车后风窗也装有电动刮水器。电动刮水器的作用是清扫风窗玻璃上的雨水、雪或尘土，保证汽车在雨天或雪天时，驾驶员有良好的视线，确保行驶安全。

电动刮水器主要由电动机、减速机构、联动机构、刮水片、刮水开关等组成，如图6-1所示。

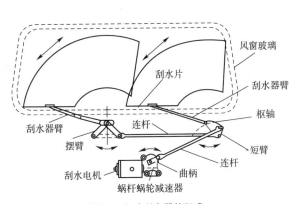

图6-1 电动刮水器的组成

(一)电动机

1. 电动机的作用与结构

电动刮水器的电动机采用永磁直流电动机,可以实现低速和高速两级变速,电动机输出经蜗轮减速器减速,并改变输出方向。主要由永久磁铁、电枢转子、三个电刷、蜗杆、塑料蜗轮、复位装置(包括导电铜环、触点臂与触点)等组成,如图6-2所示。

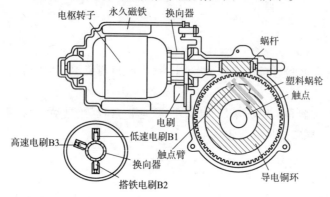

图 6-2 刮水器永磁式电动机

2. 电动机的调速原理

电动机有低速和高速两级刮水速度,是利用三个电刷来改变正、负电刷之间串联线圈的有效个数来实现变速的,如图6-3所示。

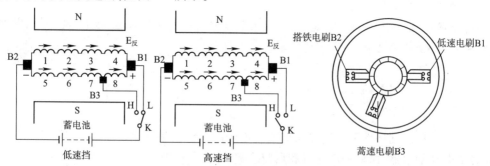

图 6-3 刮水电机的调速原理

三个电刷中,B1用于低速,B2为高低速共用,B3用于高速。直流电动机工作时,在电枢内同时产生反电动势,其方向与电枢电流的方向相反。如要使电枢旋转,外加电压必须克服反电动势E的作用,即$U>E$。当开关K拨向"L"时,电源电压U加在B1和B2之间,在B1和B2之间有1、2、3、4串联的支路和5、6、7、8串联的支路,两条支路并联,两条并联支路中,各路均有4个串联绕组,反电动势的大小与支路中反电动势的大小相等。由于外加电压需要平衡4个绕组所产生的反电动势,故永磁式刮水电动机转速较低。

当开关K拨向"H"时,电源电压加在B2和B3之间,电枢绕组一支路为5个线圈1、2、3、4、8串联,另一支路由3个线圈5、6、7串联。其中8与1、2、3、4的反电动势方向相反,互相抵消后,变为只有3个线圈的反电动势与电源电压平衡,所以实际加在电枢绕组两端的有效电压值增高,因此,电动机的转速增高。电动机转速增高产生的反电动势增大,当外加电压与反电动势达到新的平衡后,永磁式刮水电动机便以某一高转速稳定运转。由此可见,

项目六 汽车辅助电器系统

正、负两个电刷间的有效线圈个数变化,就会导致电动机的转速变化。

电动刮水器除了具有低速和高速挡位之外,通过使用继电器,使电动刮水器具有间歇挡功能,此外,当电动刮水器在任意挡位工作时,将开关转到关闭挡位时,无论刮水片在什么位置,刮水片都能自动复位到不挡驾驶员视线的位置(大部分轿车的刮水片停在风窗玻璃底部)。

(二)减速机构

减速机构由塑料蜗轮与蜗杆组成,主要是实现降速增扭,带动联动机构运动。塑料蜗轮上安装有刮水器自动复位装置。如图6-4所示。

(三)联动机构

联动机构由曲柄、连杆、短臂、摆臂、刮水器臂等组成,其主要作用是把经减速机构减速的旋转运动变为刮水片的摆动。

(四)刮水片

刮水片紧贴在汽车前风窗玻璃上,清扫风窗玻璃上的雨水、雪或尘土。

(五)电动刮水开关

大部分汽车的电动刮水开关安装在转向盘右下方。如图6-5所示,分别有点动挡(MIST)、关闭挡(OFF)、间歇挡(INT)、高速挡(2)、低速挡(1)。此处,此开关还有喷水挡(向上提起开关右端,喷水,松手后,开关自动复位关闭喷水功能)、间歇挡时间调整功能。

图6-4 电动刮水器减速机构

图6-5 电动刮水开关

二、风窗洗涤装置

电动刮水器是将附着在风窗玻璃上的雨水、积雪和尘埃及其他污物刮去,为防止干摩擦刮伤玻璃,设有风窗玻璃洗涤装置,把洗涤液喷到风窗玻璃上,便于刮水片清洁玻璃。

风窗洗涤装置由储液罐、电动洗涤泵、三通接头、喷嘴、软管等组成,如图6-6所示。

三、后窗除霜装置

冬季行车,或者夏季阴雨天气行车,车内的水蒸气在车窗处遇冷凝结于玻璃上形成一层雾或霜,暖风吹不到汽车后风窗玻璃,行车中驾驶员也无法擦除后风窗玻璃的雾或霜,会遮挡行车时的后方视线。所以现代汽车大多设置了后风窗玻璃除雾装置。

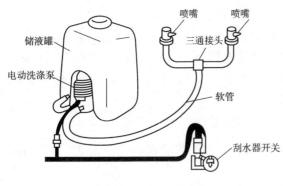

图 6-6 风窗洗涤器

后风窗玻璃除雾采用电热除雾,其工作原理很简单,就是通过给后风窗玻璃上的电阻通电,产生热量以消除雾或霜,或者阻止后风窗玻璃凝结水分,防止起雾结霜。

除雾电阻是印刷黏贴在后风窗玻璃的内表面上的电热导电涂料,电热导电涂料是一组平行线,相邻两条的间隔约 4cm。其两端相连,这些平行的导电涂料组成并联电路。通过开关或者继电器连接在汽车供电电路上。

接通开关,除雾电路连接 12V 电源,开始通电加热,使后风窗玻璃温度升高,由于散热作用,一般后风窗玻璃温度在加热时,会维持在 25~30℃,起到了消除霜或雾的作用。除雾器工作时,其发热功率约为 100W。

在一些高档轿车配置有自动除霜控制电路,能够根据是否起雾结霜来自动控制除霜电路的通断。其自动控制原理,如图 6-7 所示:在后风窗玻璃下方安装有传感器,用于检测是否积霜。后风窗玻璃有雾或者有霜时,传感器电阻会减小,控制器就使继电器线圈通电,除雾电阻通电。除霜结束,玻璃温度上升,传感器阻值变大,控制电路通过继电器,断开除雾电路的电源连接,除雾电路停止工作。

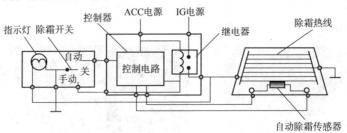

图 6-7 后风窗玻璃自动控制除霜电路

模块二 电动车窗

所谓电动车窗,就是用电动机驱动玻璃的升降,它取代了传统的手动摇柄升降玻璃。使得玻璃的升降轻便化、舒适化、自动化,在现代汽车上得到了广泛的应用。

一、电动车窗的组成

电动车窗系统主要由车窗、电动机、玻璃升降器、控制开关等组成。

(一)电动机

电动车窗一般使用双向永磁或绕线(双绕组串联式)电动机,每个车窗安装一个电动机,通过开关控制其电流方向,从而实现车窗的升降。另外,为了防止电动机过载,在电路或电动机内装有一个或多个热敏电路开关,当风窗玻璃上升到极限位置或由于结冰而使风窗玻璃不能自由移动时,热敏开关也会自动断路,避免电动机通电时间过长而损坏。

(二)玻璃升降器

玻璃升降器主要有两种形式:一种是绳轮式升降器,如图6-8所示;另一种是交臂式升降器,如图6-9所示,齿扇上连有螺旋弹簧。当风窗玻璃上升时,弹簧伸展,放出能量,以减轻电动机负荷;当风窗玻璃下降时,弹簧压缩,吸收能量,从而使风窗玻璃无论上升还是下降,电动机的负荷基本相同。

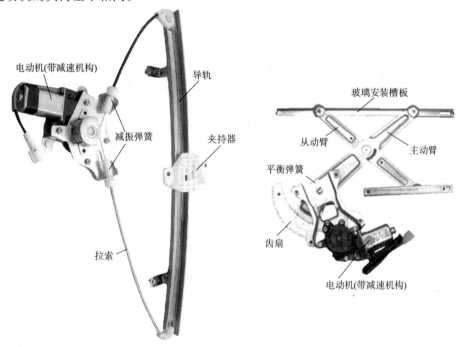

图6-8 绳轮式升降器　　　　　图6-9 交臂式升降器

(三)控制开关

控制开关由总开关和分控开关等组成,总开关一般安装在驾驶员侧车门把手上或安装在变速杆附近,如图6-10所示。总开关可以控制全部车窗玻璃的升降;各个分开关安装在每个车门的中间或车门把手上,可以单独控制各自车门玻璃的升降。总开关与分开关互不干涉,均可独立地控制车窗玻璃升降,但锁定开关可以把分开关锁定,使分开关不起作用。

图6-10 车窗总开关

二、基本控制原理

由于电动车窗的动作是双向(升降)的,所以改变通过电动机的电流方向,从而控制电动机的转动方向,实现车窗的升降。控制电路如图6-11所示。

三、电动防夹车窗

所谓电动防夹车窗,是指在车窗上升过程中,车窗机构可以检测到运动方向上的障碍物或夹紧力,一旦有异常现象,就会迅速停止电机或改变电机的运动方向。目前大部分车型已经具备这种安全特性。

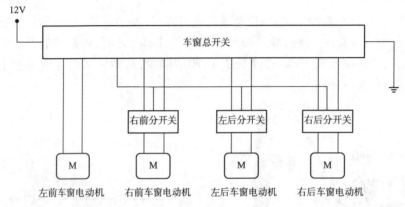

图6-11 电动车窗基本控制原理

目前,防夹玻璃升降器从防夹功能上分主要有两类:接触式和非接触式。接触式指当电动车窗机构感触到有异物在玻璃上,才会自动停止玻璃上升工作;非接触式是通过一套光学控制系统来检测有无异物在车窗玻璃移动范围内,从而控制玻璃移动,无须异物直接接触到玻璃。这个光学控制系统主要元件是光学传感器,它由红外线发射器和接收器组成,安装在车窗内饰件上,能连续精确地扫描指定的区域。

模块三 电动后视镜

后视镜是驾驶员坐在驾驶室座位上直接获取汽车后方、侧方等外部信息的工具。为了驾驶员操作方便,防止行车安全事故的发生,保障人身安全,各国均规定了汽车上必须安装后视镜,且所有后视镜都必须能调整方向。

一、电动后视镜的作用

电动后视镜的作用通过开关自动调整后视镜位置,使驾驶员能够清楚地观察到车后情况。此外,中、高档汽车电动后视镜还有以下几个先进功能:

1. 后视镜的记忆存储功能

每个驾驶员可根据个人身高与驾驶习惯的不同,以及座椅及转向盘的最佳舒适性,来调节后视镜的最佳视角,然后进行记忆存储。

当其他人驾驶汽车后,或被他人调整已记忆的视角后,由于存储的信息存在,驾驶员都可以非常轻松地开启记忆存储功能,使所有内在设施恢复至最佳设定状态。

2. 后视镜的加热除霜功能

有的后视镜增设了加热除霜功能,例如采用了电加热除霜镜片,驾驶员可以开启加热除霜功能,清洁镜面的积雾、冬天积霜和雨水等。

3. 后视镜的自动折叠功能

该功能可防擦伤及缩小停车泊位空间,保证在后视安全性上把损害程度降低到最小限度。有的后视镜设计成为电动折叠方式,驾驶员在车内就可方便地调节。

4. 带刮水器、洗涤器的后视镜

有些后视镜增设了刮水器和洗涤器,用于刮去外后视镜上的雨、雪、泥浆及灰尘等,可以在各种情况下清晰地观察到汽车外部情况。

5. 测距和测高功能

驾驶员通过这种特殊后视镜,能看清后面跟随而来车辆的距离,并估计出速度,保证汽车安全行驶。

二、电动后视镜的组成

电动后视镜主要由永磁式电动机、传动机构和控制开关等组成,如图 6-12 所示。每一个非折叠的后视镜都有两套驱动装置,由电动后视镜开关进行操纵,其中一个电动机和传动机构用于后视镜水平方向的转动,另一个电动机和传动机构则用于后视镜垂直方向的转动。

带有可伸缩功能电动后视镜,由后视镜伸缩开关控制电动机工作,驱动伸缩传动装置带动后视镜收回和伸出。具有存储功能的后视镜,增加了驱动位置存储器、复位开关和位置传感器等。操作功能的数据可自动存储在存储器中,如果需要,可直接将存储器中存储的数据调出使用。

图 6-12 电动后视镜

三、基本工作原理

丰田皇冠非伸缩后视镜控制电路图,如图 6-13 所示。

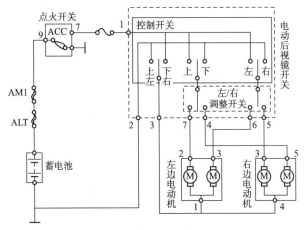

图 6-13 丰田皇冠非伸缩后视镜控制电路图

在进行后视镜调整时,首先通过左/右调整开关选择所要调整的后视镜,例如调整左侧后视镜时,左/右调整开关打向左侧,开关分别与 6、7 接点接通。再通过控制开关即可进行该镜的上下或左右调整。如果进行左镜子向上调整时,可将控制开关推向上侧,此时控制开关分别与向上接点、左向上接点结合,电路为:蓄电池正极→熔断器→点火开关→控制开关向上接点→左/右调整开关→7 接点→左侧镜上下调整电动机→1 接点→电动镜后视镜开关 2 接点→控制开关左上接点→电动镜开关 3 接点→蓄电池负极,电流形成回路,左镜上下调整电动机运转,完成调整过程。其他调整过程与向上述调整过程类似,通过接通不同的开关即可完成。

电动后视镜的伸缩是通过电动后视镜的伸缩开关控制的,该开关控制继电器工作,使左右两镜伸缩电动机工作,完成其伸缩功能。

模块四 电动座椅

为了便于驾驶员或乘员调节座椅方便快捷,目前许多轿车都采用电动座椅调节系统。

一、电动座椅的分类

按照座椅电机的数目和调节方向数目的不同,电动座椅分为有四方向、六方向、八方向。有的电动座椅功能更加完善,可具备座椅的前后调节、上下调节、座位前部的上下调节、靠背的倾斜调节、侧背的倾斜调节、侧背支撑调节、腰椎支撑调节、靠枕的上下、前后调节等多向可调功能。

二、电动座椅的组成

电动座椅一般由若干个双向电机、传动装置和控制电路(包括调节开关)等组成,如图6-14所示。双向电动机产生动力,传动装置可以把动力传至座椅,通过控制开关实现座椅不同位置的调节。

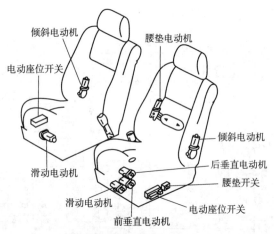

图6-14 电动座椅的组成

三、电动座椅的基本控制原理

电动座椅的控制电路,如图6-15所示。座椅共设置了滑动电动机、前垂直电动机、倾斜电动机、后垂直电动机和腰垫电动机,分别对座椅的前后滑动、前部上下移动、靠背前后倾斜、后部上下移动及腰垫前后移动等十个方向进行调节。电动座椅的基本控制原理如下:

(1)当电动座椅的开关处于倾斜位置时,如果要调整靠背向前倾斜,则闭合倾斜电动机的前进方向开关,即端子4置于左位时,电路为:蓄电池正极→FLALT→FLAM1→DOORCB→开关端子14→(倾斜开关"前")→开关端子4→1(2)端子→倾斜电动机→2(1)端子→开关端子3→开关端子13→搭铁。此时,座椅靠背前移动。

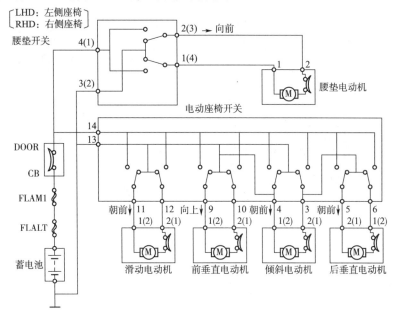

图6-15 普通电动座椅控制原理

(2)当端子3置于右位时,倾斜电动机反转时,电路为:蓄电池正极→FLALT→FLAM1→DOORCB→开关端子14→(倾斜开关"后")→开关端子3→2(1)端子→倾斜电动机→1(2)端子→开关端子4→开关端子13→搭铁。此时座椅靠背后移动。

四、带存储功能的电动座椅

自动座椅的基本结构及驱动方式与普通的电动座椅相似,只是在普通电动座椅的基础上增加了一套具有存储记忆功能的电子控制系统。电子控制系统中可以存储不同驾驶员或乘客的座椅位置,当不同的驾驶员或乘客可以通过一个按钮调出自己的座椅位置,使得座椅的调整更加方便快捷。

自动座椅电子控制系统由座椅位置传感器、电子控制器ECU和执行机构的驱动电动机三大部分组成。位置传感器部分包括座椅位置传感器、后视镜位置传感器、安全带扣环传感器以及转向盘倾斜传感器等;ECU包括输入接口、微机CPU和输出处理电路等;执行机构主要包括执行座椅调整、后视镜调整、安全带扣环以及转向盘倾斜调整等微电动机,而且这些电动机均可灵活地进行正、反转,以执行各种装置的调整功能。

该控制系统有两套控制装置,一套是手动的,包括电动座椅开关、腰垫电动机及开关和一组座椅位置调整电动机等,驾驶员或乘客可以根据自身需要通过相应的座椅开关和腰垫开关来调整,它的控制方式和普通电动座椅完全相似;另一套是自动的,包括座椅位置传感器、存储器和复位开关、ECU及与手动控制系统共用的一组调整电动机。图6-16为其基本组成和安装位置示意图。

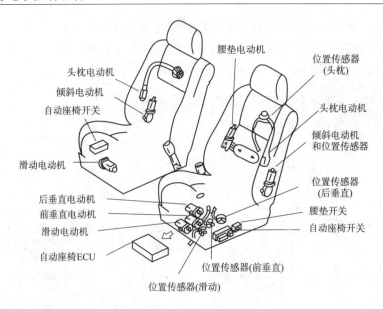

图 6-16 电动座椅的组成及安装位置图

模块五 倒车雷达

倒车雷达是汽车泊车安全辅助装置,能解除驾驶员泊车和起动车辆时,前、后、左、右探视所引起的困扰,并帮助驾驶员扫除视野死角和视线模糊的缺陷,提高驾驶的安全性。

一、倒车雷达的组成

倒车雷达系统由超声波传感器(俗称探头)、控制器和显示器(或蜂鸣器)等部分组成,如图 6-17 所示。

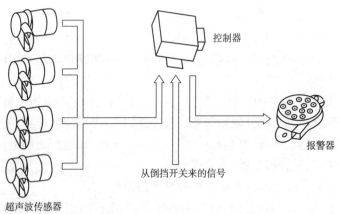

图 6-17 倒车雷达的基本组成图

二、基本工作原理

汽车在挂入倒挡时,在控制器的控制下,由传感器发射 40kHz 超声波信号,当遇到障碍物时,安装在车尾保险杠上的传感器发送超声波经障碍物反射回来,超声波接收器接收到反射信号后经控制器进行数据处理、判断出障碍物的位置,由显示器显示距离并发出其他警示信号,使停车和倒车更容易、更安全。超声波传感器既是执行元件又是传感器,既发射信号,也接收信号。

三、丰田卡罗拉汽车倒车雷达系统

(一)丰田卡罗拉汽车倒车雷达系统的组成与作用

系统使用超声波传感器来探测转弯处及车辆后方的障碍物。然后通过在多信息显示屏上显示并鸣响蜂鸣器,来告知驾驶员传感器和障碍物之间的距离及障碍物的位置。丰田卡罗拉汽车倒车雷达各部件在车上的安装位置,如图6-18所示。

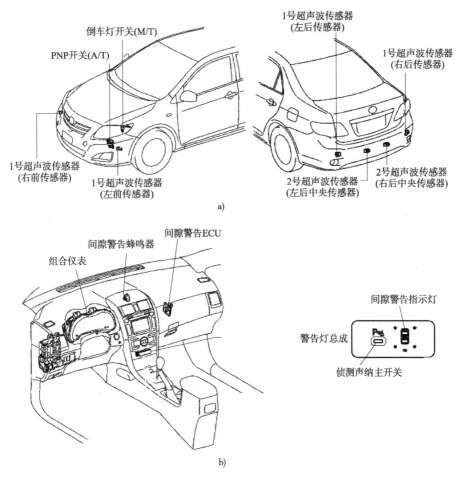

图6-18 丰田卡罗拉汽车倒车雷达各部件在车上的安装位置图

1. 超声波传感器

超声波传感器包括一个发送和接收超声波的传感器部分和一个将超声波放大的预放大器。超声波传感器将超声波发送和接收的信号输出至间隙警告ECU。

2. 警告灯总成

警告灯总成包括侦测声纳主开关和间隙警告指示灯。其作用是打开和关闭侦测声纳系统。显示障碍物的位置和车辆与障碍物之间的距离。

3. 间隙警告蜂鸣器

间隙警告蜂鸣器发出间歇性声音，以通知驾驶员 ECU 检测到在预定的范围内有障碍物。

4. 间隙警告 ECU

根据来自超声波传感器的信号，判定车辆和障碍物之间的距离，并将显示信号发送至侦测声纳指示灯，将蜂鸣器信号发送至间隙警告蜂鸣器。

5. 转速传感器

检测每个车轮的转速并通过组合仪表将数据输入至间隙警告 ECU。

6. 驻车挡/空挡位置开关（A/T）

换挡杆移至 P 位置或 R 位置时接通。

7. 倒车灯开关（M/T）

换挡杆移至倒挡位置时接通。

8. 尾灯继电器

灯控开关转至"TAIL"或"HEAD"位置时接通。间隙警告 ECU 接收到尾灯继电器 ON 信号时，使侦测声纳显示屏变暗。

（二）丰田卡罗拉汽车倒车雷达系统基本工作原理

系统运行时，间隙警告 ECU 从超声波传感器发送超声波。如果这些超声波在一个或多个传感器范围内遇到障碍物，就会被反射回传感器，然后传感器将其发送至间隙警告 ECU。根据这些信息，间隙警告 ECU 发送信号至指示灯和间隙警告蜂鸣器。然后指示车辆和障碍物之间的相应距离并鸣响蜂鸣器。其工作原理如图 6-19 所示。

（三）丰田卡罗拉汽车倒车雷达的使用

1. 传感器工作说明

（1）接通系统开关（声纳侦测主开关）。此开关接通时，间隙警告指示灯点亮且间隙警告蜂鸣器鸣响，以通知驾驶员倒车雷达功能正在运行。按下此按钮可在 ON/OFF 模式间切换。

（2）当点火开关处于 ON 模式，换挡杆未处于 P 挡（自动变速器）车速约为 10km/h 或更低时，安装在前、后保险杠上的 6 个超声波传感器均开始工作。

（3）当点火开关处于 ON 模式、换挡杆处于 R 挡。车速约为 10km/h 或更低时，仅安装在后保险杠上的 4 个超声波传感器工作。

2. 指示灯和蜂鸣器系统工作说明

安装在前保险杠左右两侧角超声波传感器工作和车辆在距障碍物约 50cm 范围时，该系统运行系统运行时，指示灯闪烁且蜂鸣器间歇鸣响；车辆逐渐接近障碍物时指示灯闪烁频率和蜂鸣器鸣响频率加快，车辆在距障碍物约 25cm 范围时，指示灯持续亮且蜂鸣器长鸣。

安装在后保险杠上 4 个后超声波传感器工作和车辆在距障碍物约 150cm 范围时，该系统运行。系统运行时,指示灯闪烁且蜂鸣器间歇鸣响;车辆逐渐接近障碍物时指示灯闪烁频率和蜂鸣器鸣响频率加快;车辆在距障碍物约35cm范围时,指示灯持续亮且蜂鸣器长鸣。

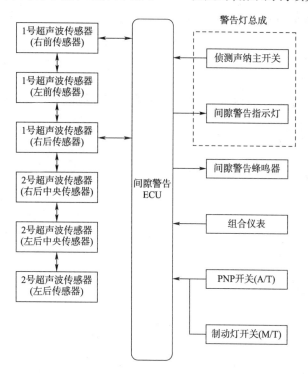

图6-19 丰田卡罗拉汽车倒车雷达工作原理图

(四)丰田卡罗拉汽车倒车雷达使用注意事项

1. 探测功能无法正常工作

(1)超声波传感器被泥或雪等异物覆盖(清洁超声波传感器后,检测功能恢复正常)。

(2)超声波传感器冻结(超声波传感器温度升高后,探测功能恢复正常)。

(3)用手盖住超声波传感器。

2. 探测范围受影响的条件

(1)超声波传感器被泥或雪等异物覆盖。

(2)车辆停放在过热或过冷区域。

3. 出现检测故障的条件

(1)在颠簸、未铺路面的道路上,或在较高草丛中行驶。

(2)车辆附近其他车辆的喇叭声、摩托车发动机的噪声、大型车辆气制动声或其他车辆的声纳等产生的超声波。

(3)下大雨或超声波传感器与水接触(溅水)。

(4)车辆倾斜过度。

(5)车辆装备有翼子板天线杆或无线机械天线。

(6)超声波传感器被泥或雪等异物覆盖。

(7)车辆驶向高的路缘或凸出物体的拐角处。

4. 超声波传感器无法检测到的物体

(1)细长物体,如电线和绳索。

(2)吸收超声波的材料,如棉花、雪等。

(3)带尖锐边缘的物体。

(4)短小物体。

(5)高的悬垂物体。

(6)位于保险杠正下方的物体。(超声波传感器可以探测到低矮物体和细长杆,但可能随后就无法跟踪物体。)

(7)离其过近的障碍物。

 思考练习题

一、填空题

1.电动刮水器一般安装在 _____,由 _____、_____、_____、_____等组成。

2.风窗洗涤器由 _____、_____、_____、_____等组成。

3.电动车窗系统主要由 _____、_____、_____、_____等组成。

4.电动车窗的动作是双向(升降)的,所以改变通过电动机的 _____,从而控制电动机的 _____,实现车窗的升降。

5.电动座椅一般由若干个 _____、_____ 和 _____ 等组成。

6.倒车雷达由 _____、_____ 和 _____ 等部分组成。

二、选择题

1.电动机有低速和高速两级刮水速度,是利用(　　)个电刷来改变正、负电刷之间串联绕组的有效个数来实现变速的。

　A. 2　　　　　　B. 3　　　　　　C. 4　　　　　　D. 5

2.电动刮水器标注"INT"的挡位表示(　　)。

　A. 点动挡　　　　B. 高速挡　　　　C. 间歇挡　　　　D. 低速挡

3.每一个非折叠的后视镜都有两套驱动装置,安装有(　　)永磁直流电动机,可以调整后视镜的上、下、左、右方向。

　A. 1　　　　　　B. 2　　　　　　C. 3　　　　　　D. 4

4.自动座椅执行机构主要包括执行座椅调整、后视镜调整、安全带扣环以及(　　)调整等工作。

　A. 内视镜　　　　B. 灯光照射角　　C. 安全气囊　　　D. 转向盘倾斜

5.一般情况下车辆变速器挡位处于(　　)位置时,倒车雷达才开始工作。

　A. P　　　　　　B. N　　　　　　C. R　　　　　　D. D

6.自动座椅电子控制系统由(　　)、电子控制器 ECU 和执行机构的驱动电机三大部分组成。

　A. 座椅位置传感器　　　　　　　　B. 后视镜传感器

C. 转向盘转角传感器　　　　　D. 碰撞传感器
7. 倒车雷达传感器可以检测到以下物体(　　)。
　A. 电线和绳索　　B. 一个水桶　　C. 高的悬垂物体　　D. 短小物体
8. 丰田卡罗拉汽车倒车雷达系统 PNP(A/T)开关表示(　　)。
　A. 系统开关　　　　　　　　B. 倒车雷达开关
　C. 声纳侦测主开关　　　　　D. 驻车挡/空挡位置开关
9. 电动刮水器除了具有低速和高速挡位之外,通过(　　),使电动刮水器具有间歇挡功能。
　A. 刮水继电器　　　　　　　B. 4 个电刷
　C. 在开关上增加一个控制挡位　D. 减速机构
10. 为了防止电动机过载,在电路或电动机内装有一个或多个(　　),当风窗玻璃上升到极限位置或由于结冰而使风窗玻璃不能自由移动时,热敏开关也会自动断路,避免电动机通电时间过长而烧坏。
　A. 热敏电路开关　　B. 熔断器　　C. 熔断丝　　D. 热熔线

三、判断题(对的打"√",错的打"×")

1. 电动刮水器减速机构由塑料蜗轮与蜗杆组成,主要是实现降速增扭,带动联动机构运动。塑料蜗轮上安装有刮水自动复位装置。(　　)
2. 后窗除雾采用暖气除雾,其工作原理很简单,就是通过给后窗上的电阻通电,产生热量以消除雾霜,或者阻止后窗凝结水分,防止起雾起霜。(　　)
3. 电动车窗一般使用双向永磁或绕线(双绕组串联式)电动机,每个车窗安装 2 个电动机,分别控制车窗的升和降。(　　)
4. 电动车窗总开关与分开关互不干涉,均可独立地控制车窗玻璃升降,但锁定开关可以把分开关锁定,使分开关不起作用。(　　)
5. 自动座椅的基本结构及驱动方式与普通的电动座椅相似,只是在普通电动座椅的基础上增加了一套具有存储记忆功能的电子控制系统。(　　)
6. 倒车雷达是汽车泊车安全辅助装置,是被动安全装置。(　　)
7. 倒车雷达的超声波传感器既是执行元件又是传感器,既发射信号,也接收信号。(　　)
8. 丰田卡罗拉汽车倒车雷达警告灯总成。包括蜂鸣器和间隙警告指示灯。(　　)
9. 带存储功能的电动座椅只能自动调整座椅,不能手动调整。(　　)
10. 洗车时请注意:请勿对着倒车雷达超声波传感器部位用水或蒸汽冲洗。否则可能导致超声波传感器发生故障。(　　)

四、问答题

1. 风窗玻璃洗涤装置是如何工作的?
2. 什么是电动防夹车窗?
3. 电动后视镜有什么作用?
4. 倒车雷达使用应注意什么?

项目七　汽车空调系统

知识目标

1. 理解汽车空调系统的功能及基本工作原理；
2. 掌握空调系统的组成，理解各组成部件的结构与作用；
3. 了解空调系统的维护。

能力目标

1. 能在实车上正确指出空调系统各部件的安装位置；
2. 会正确使用空调系统；
3. 会对轿车空调系统的制冷性能进行定性检查。

模块一　汽车空调系统概况

一、汽车空调系统的功能

空调是空气调节的简称，是指在封闭的空间内，对温度、湿度及空气的清洁度进行调节控制。

汽车空调系统的功能是对车内空气的温度、湿度、流速、清洁度等进行调节，保证司乘人员在任何外界气候和条件下都处于舒适的环境中，并能够防止车窗上产生雾和霜，以确保驾驶员视线清晰。

1. 调节车内空气温度

将车内空气的温度调节到人体感觉适宜的温度。通常在夏季人体感到最舒适的温度是 22~28℃，在冬季则是 16~18℃。

2. 调节车内空气湿度

将车内空气的湿度调节到人体感觉适宜的湿度。人体觉得最舒适的相对湿度夏季是 50%~60%，冬季则是 40%~50%。

3. 调节车内空气流速

调节车内空气出风口的位置、出风的方向及风量的大小。人在流动的空气中比在静止的空气中要舒服，这是因为流动的空气能促进人体向外散热的缘故。所以，空气流速是汽车空气调节的重要内容之一。通常空气流速在 0.2m/s 以下为好，并且以低速流动为佳。

4. 净化车内空气

滤去空气中的尘土和杂质，或对空气进行杀菌消毒。由于车内空间小，乘员密度大，封闭空间的空气极易产生缺氧和二氧化碳浓度过高,此外,汽车发动机排气中的一氧化碳和道路上的粉尘、野外有刺激性的花粉都容易进入车内,造成车内空气混浊,严重时会影响乘员的身体健康,因此,需要除去车内空气中的尘埃、臭味、烟气及有毒气体,使车内空气变得清新。

二、汽车空调系统的组成与分类

(一)汽车空调系统的组成

为完成汽车空调的上述功能,汽车空调系统通常由制冷装置、暖风装置、通风装置、空气净化装置及控制装置等组成。

1. 制冷装置

制冷系统用于对车内空气或车外进入车内的新鲜空气进行降温、除湿,使车内达到凉爽舒适。

2. 暖风装置

采暖系统用于对车内空气或车外进入车内的新鲜空气进行加热、除湿,使车内达到温暖舒适。

3. 通风装置

通风系统用于将车外的新鲜空气引进车内,达到通风、换气的目的。

4. 空气净化装置

空气净化装置用于去除车内空气中的尘埃、异味,使车内空气变得清洁,目前只用于高级轿车上。

5. 控制装置

控制系统将制冷、采暖、通风、空气净化有机地组合,形成冷暖适宜的气流,并能对车内环境进行全季节、全方位、多功能的最佳控制和调节。

汽车空调系统控制有手动控制和自动控制之分,手动空调需要驾驶员通过旋钮或拨杆对控制对象进行调节,如改变车内温度、风速等。自动空调只需驾驶员输入目标温度,空调系统便可按照驾驶员的设定的目标自动进行调节。汽车空调系统在车上的布置,如图7-1所示。

(二)汽车空调系统的分类

1. 按空调的功能分

按空调的功能可分为单一功能型和冷暖一体型两种。

(1)单一功能型空调的制冷系统、采暖系统、通风系统各自安装,单独操作,互不干涉,多用于大型客车、载货汽车和加装冷风装置的轿车上。

(2)冷暖一体型空调的制冷、采暖和通风共用一台鼓风机及一个风道,冷风、暖风和通风在同一控制板上进行控制。

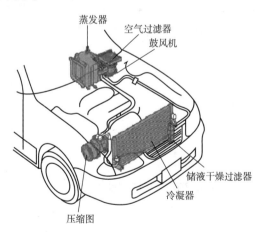

图7-1 汽车空调系统在车上的布置

2. 按驱动方式分

按驱动方式可分独立式空调和非独立式空调两类。

(1) 独立式空调用一台专用空调发动机来驱动制冷压缩机,制冷量大,工作稳定,但成本高,体积及质量大,为此多用于大、中型客车。

(2) 非独立式空调由汽车发动机直接驱动制冷压缩机,制冷性能受汽车发动机工作状况的影响,工作稳定性较差,低速时制冷量不足,高速时制冷量过量,影响汽车发动机的动力性,非独立式空调多用于小型客车和轿车上。

三、制冷剂与冷冻油

(一) 制冷剂

制冷剂是制冷循环中传热的介质,通过液态与气态两种状态的变化来吸收和放出热量,因此要求制冷剂在常温下很容易气化,加压后很容易液化,在状态变化时要尽可能多的吸收或放出热量,同时制冷剂还应具备不易燃易爆、无毒、无腐蚀性、对环境无害的特点。

制冷剂的英文名称为 refrigerant,所以常用其第一个字母 R 来代表制冷剂,后面表示制冷剂名称,如 R12、R134a 等。R12 制冷剂的制冷性能较好,但是有一个致命的缺点,就是破坏大气中的臭氧层,使太阳的紫外线直接照射到地球,对植物和动物造成伤害,目前我国已停止用 R12 作为汽车空调系统的制冷剂,取而代之的是 R134a。

R134a 制冷剂常温下是无味、无色的气体,不易燃烧、无毒、对金属和橡胶无腐蚀,在液态时能吸收少量水,在气态时却能吸收大量水分。R134a 与 R12 制冷剂的理化性质相近,但是由于 R134a 制冷剂不含氯,不破坏大气臭氧层,所以 R134a 又被称为环保制冷剂。

(二) 冷冻油

在汽车空调制冷系统中有运动部件,需要对其润滑。由于制冷系统中的工作条件比较特殊,所以需要专门的润滑油——冷冻润滑油。冷冻润滑油除了起到润滑作用以外,还可以起到冷却、密封和降低机械噪音的作用。

对汽车空调系统使用的冷冻油还有一个特殊的要求,就是冷冻油在空调制冷系统中必须完全与制冷剂相溶,并随制冷剂一起在制冷系统中循环,对空调部件起润滑、冷却、密封和降噪音作用。

模块二 汽车空调系统的结构与原理

一、制冷装置的结构与原理

制冷系统的作用是将车内的热量通过制冷剂在循环系统中循环转移到车外,实现车内降温。根据目前车辆上使用的制冷装置结构,可以分为膨胀阀式制冷循环装置和膨胀管式制冷循环装置两种。

(一) 膨胀阀式制冷循环装置

1. 膨胀阀式制冷循环装置的组成

膨胀阀式制冷循环装置主要由压缩机、冷凝器、储液干燥过滤器、膨胀阀和蒸发器等主要部件组成。如图 7-2 所示为膨胀阀式制冷循环装置结构组成图。

2. 工作原理

如图 7-3 所示,当压缩机工作时,压缩机吸入从蒸发器排出的低温低压的气态制冷剂,经压缩,制冷剂的温度和压力升高,并被送入冷凝器;在冷凝器内,高温高压的气态制冷剂把热量传递给经过冷凝器的车外空气而降温液化;液化后的制冷剂进入储液干燥过滤器,滤掉其中的杂质、水分,同时存储适量的液态制冷剂;液态制冷剂流经膨胀阀后,温度和压力快速降低,以雾状进入蒸发器;在蒸发器内,雾状制冷剂吸收经过蒸发器的车内热空气热量而汽化,变成气态制冷剂,使车内空气温度降低。蒸发器排出的气态制冷剂又被压缩机吸入进行下一轮循环。这样,通过制冷剂在制冷装置内循环,不断吸收车内空气的热量并排到车外空气中,使车内空气的温度逐渐下降。

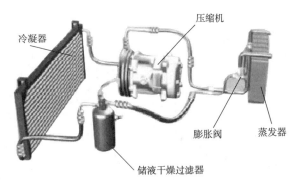

图 7-2 膨胀阀式制冷循环装置结构组成图

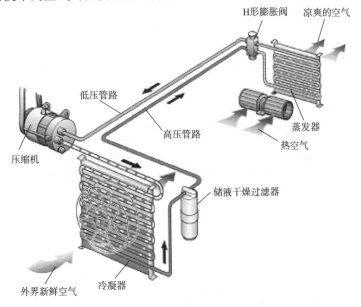

图 7-3 膨胀阀式制冷循环装置工作原理图

在制冷循环中,膨胀阀可以根据制冷负荷的大小调节制冷剂进入蒸发器制冷剂的流量,确保制冷剂在蒸发器内完全气化而进入压缩机。如果从蒸发器排出来的制冷剂没有完全气化而带有部分液态制冷剂进入压缩机,将对压缩机产生"液击"现象而损坏压缩机。

从汽车空调制冷装置的工作可以看出,制冷剂以不同的状态在封闭的系统内不断循环,每一循环包含四个基本过程,如图 7-4 所示。

(1)压缩过程。当汽车空调压缩机运转时,压缩机吸入蒸发器出口处低温(约 0℃)低压(约 0.147MPa)的气态制冷剂,将其压缩成高温(70~80℃)、高压(约 1.471MPa)的气态制冷剂排出压缩机,进入冷凝器。

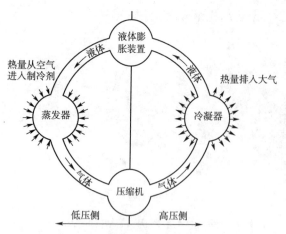

图7-4 汽车空调装置工作过程

（2）冷凝过程。高温、高压的气态制冷剂进入冷凝器，压力和温度降低。当制冷剂的温度降至40~50℃时，制冷剂由气态变为液态，同时放出大量的热。

（3）膨胀过程。中温高压的液态制冷剂从冷凝器流入储液干燥器过滤器，在储液干燥器过滤器中除去杂质和水分，通过高压管进入膨胀阀。液态制冷剂通过膨胀阀装置后体积变大，压力和温度急剧下降，以雾状（细小液滴）从膨胀阀进入蒸发器。

（4）蒸发过程。低温低压的雾状制冷剂进入蒸发器后，通过蒸发器的芯管壁面吸收蒸发器周围空气的热量而沸腾汽化，从而降低车厢内空气温度。

在蒸发器内吸热汽化后的制冷剂蒸汽再次被压缩机吸入，然后重复上述过程。由此可知，汽车空调制冷装置实际上是一个热交换系统，通过制冷剂状态的变化和循环流动，把车厢内空气的热量传送到车外，使车内空气温度降低。

（二）膨胀管式制冷循环装置

1. 膨胀管式制冷循环装置的组成

膨胀管式制冷循环装置主要由压缩机、冷凝器、膨胀管（孔管）、蒸发器、积累器等主要部件组成，如图7-5所示。

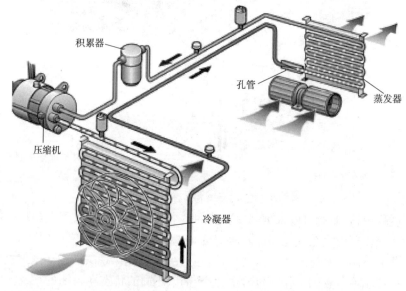

图7-5 膨胀管式制冷循环装置

2. 工作原理

膨胀管式制冷循环装置制冷工作原理与膨胀阀式的制冷循环装置无本质的差别，只是将可调节流的膨胀阀换成不可调节流量的膨胀管，使其结构更加简单。为了防止液态的制冷剂进入压缩机而造成压缩机的损坏,膨胀管式制冷循环装置在蒸发器的出口处安装了积累器,积累器的作用是除去制冷剂的杂质与水分,同时对蒸发器排出的制冷剂进行气液分离,液态制冷剂留在积累器内,气体制冷剂进入压缩机,其他部分的工作过程与膨胀阀式的制冷循环相同。

二、制冷装置各组成部件

(一)压缩机

压缩机作为汽车空调制冷装置的核心部件,它具有两个功能:压缩机吸气时相当于一个真空泵,使其内部产生低压,吸入蒸发器中低温、低压的气态制冷剂;在压缩过程中将气态制冷剂压缩成高温、高压状态并送入冷凝器,维持制冷剂在制冷系统管路中循环流动。

非独立式汽车空调压缩机一般安装在发动机旁边,由发动机通过皮带驱动压缩机运转。

目前在汽车空调系统中所采用的压缩机有多种类型,应用较广泛的是斜盘式压缩机和摇板式压缩机。此外,压缩机还可分为定排量和变排量的两种形式,变排量压缩机可根据空调系统的制冷负荷自动改变排量,使空调系统运行更加经济。

1. 斜盘式压缩机

斜盘式压缩机属于定排量压缩机。这种压缩机通常在机体圆周方向上布置有6个或者10个汽缸,每个汽缸中安装一个双向活塞形成6缸机或10缸压缩机,每个汽缸都有进气阀和排气阀。活塞由斜盘驱动在汽缸中往复运动,一侧活塞压缩时,另一侧则为进气。图7-6所示为斜盘式压缩机工作原理图。

2. 摇板式压缩机

摇板式压缩机的结构与斜盘式压缩机相似,只是将双向活塞变为单向活塞,活塞以压缩机轴为中心线呈圆周排列。压缩机轴上固定有端面凸轮,活塞通过连杆与摇板相连。当压缩机工作时,端面凸轮转动,驱动摇板作圆周摇动,通过连杆迫使活塞作往复运动。图7-7所示为摇板式压缩机工作原理图。

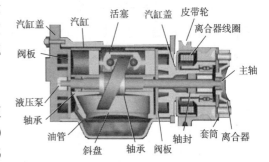
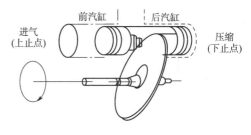

图7-6 斜盘式压缩机工作原理图

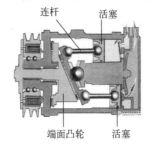
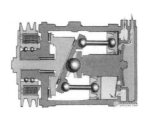

图7-7 摇板式压缩机工作原理图

变排量压缩机属于摇板式压缩机,在压缩机后端增加一套可变排量机构,该机构根据制冷负荷的变化,改变摆盘与压缩机轴的角度,当制冷负荷变大时,摆盘与压缩机轴的夹角变小,当制冷负荷变小时,摆盘与压缩机轴的夹角变大,如图7-8所示。从而改变活塞的行程,控制压缩机的排量变化,减少能量浪费。

a)制冷负荷变大时,摆盘与压缩机轴夹角变小　　b)制冷负荷变小时,摆盘与压缩机轴夹角变大

图7-8　变排量压缩机工作原理图

(二)冷凝器

冷凝器的作用是将压缩机送来的高温高压气态制冷剂蒸汽进行冷却,使之冷凝成中温高压的液态制冷剂。气态制冷剂放出的热量由冷凝器周围空气带走,排到大气中。因此,冷凝器是一个热交换器,将高温制冷剂的热量通过冷凝器散发到大气当中。

轿车的冷凝器一般安装在发动机冷却系统散热器之前,通过冷凝风扇和汽车行驶中迎面吹来的空气流进行冷却。大、中型客车和一些面包车,则把冷凝器安装在车厢两侧或车厢后侧和车厢的顶部。当冷凝器远离发动机散热器时,在冷凝器旁都必须安装辅助冷却风扇进行强制风冷,加速冷却。

目前我国轿车上主要采用全铝管带式(如图7-9所示)和平行流动式冷凝器(如图7-10所示)。管带式冷凝器由多孔扁管与S形散热带焊接而成,散热效率高;平行流式冷凝器由集流管、扁管、散热翅片等组成。散热效率比管带式高,应用广泛。如奥迪A6、宝来、本田、别克、赛欧、上海帕萨特等轿车空调均采用平行流动式冷凝器。

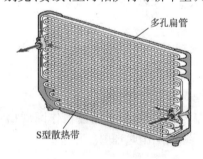 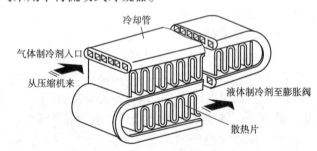

图7-9　管带式冷凝器

(三)储液干燥过滤器

储液干燥过滤器用于膨胀阀式的制冷循环装置中,储液干燥过滤器的结构,如图7-11所示,内有过滤器和干燥剂,上方有进、出管接头。

1.储液干燥过滤器的主要功用

(1)存储制冷剂,使制冷剂的流量与空调制冷负荷相适应。

(2)除去制冷剂中的水分和杂质,确保系统正常运行。

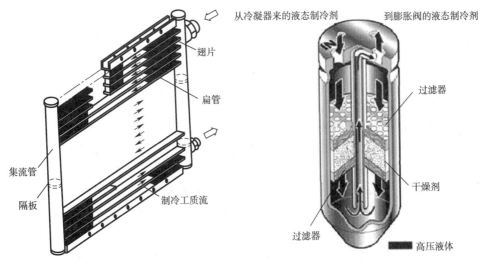

图7-10 平行层流式冷凝器　　图7-11 储液干燥过滤器

2. 部分储液干燥过滤器具备的功能

(1) 部分储液干燥过滤器上端安装有视液镜,可以观察制冷剂的流动情况,检查制冷剂量是否足够,如图7-12所示。

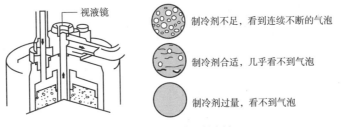

图7-12 视液镜检查制冷剂

(2) 部分储液干燥过滤器上安装有易熔塞,在系统压力、温度过高时,易熔塞熔化,排出制冷剂,保护系统重要部件不被破坏。

(3) 部分储液干燥过滤器上安装有维修阀,供维修制冷系统安装压力表和加注制冷剂使用。

(4) 部分储液干燥过滤器上安装有压力开关,可在系统压力异常时,使压缩机停止工作,以保护制冷装置部件不受损坏。

(四)积累器

积累器用于膨胀管式的制冷装置,安装在蒸发器出口处的管路中。由于膨胀管不能调节进入蒸发器制冷剂的流量,因而从蒸发器出来的制冷剂不一定全部都是气态制冷剂,可能有部分液态制冷剂,为防止液态制冷剂进入压缩机产生"液击"而损坏压缩机,在蒸发器出口处安装积累器,一方面将制冷剂进行气液分离,另一方面起到与储液干燥过滤器相同的作用,其结构如图7-13所示。

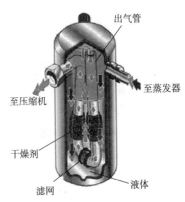

图7-13 积累器

（五）膨胀阀

膨胀阀安装在蒸发器的入口处，是汽车空调制冷装置高压与低压的分界点。其主要功用是：

（1）节流降压：使高温高压液态制冷剂变为容易蒸发的低温低压雾状制冷剂进入蒸发器，即形成制冷剂的高压和低压之分界点。

（2）自动调节进入蒸发器制冷剂的流量：由于制冷负荷的改变和压缩机转速的改变，要求进入蒸发器制冷剂的流量作相应调节，防止压缩机发生"液击"现象和蒸发器出口处蒸气异常过热，保持车内温度稳定。

在开启空调时，车内温度高，蒸发器的温度也高，在蒸发器中制冷剂蒸发汽化速度快，要求进入蒸发器制冷剂的流量大；当车内温度逐渐降低，蒸发器的温度也降低时，制冷装置的负荷就减少了，要求进入蒸发器制冷剂的流量少了。

膨胀阀的结构类型有外平衡式膨胀阀、内平衡式膨胀阀和H形膨胀阀三种。

1. 外平衡式膨胀阀

外平衡式膨胀阀的原理，如图7-14所示，膨胀阀的入口接储液干燥过滤器，出口接蒸发器。膨胀阀的上部有一个膜片，膜片上方通过一条毛细管接一个感温包，感温包安装在蒸发器出口的管路上，内部充满制冷剂气体，蒸发器出口处的温度发生变化时，感温包内的气体体积也会发生变化，进而产生压力变化，这个压力变化就作用在膜片的上方。膜片下方的腔室还有一根平衡管通蒸发器出口。阀的中部有一阀门，阀门控制制冷剂的流量，阀门的下方有一个调整弹簧，弹簧的弹力试图使阀门关闭，弹簧的弹力通过阀门上方的杆作用在膜片的下方。可以看出，膜片共受到三个力的作用，一是感温包中制冷剂气体向下的压力，二是弹簧向上的推力，三是蒸发器出口制冷剂的压力，作用在膜片的下方，阀的开度取决于这三个力综合作用的结果。

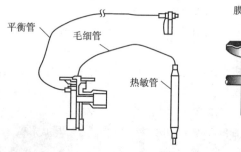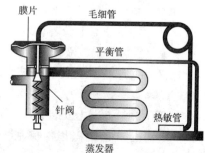

图7-14 外平衡式膨胀阀工作原理图

2. H形膨胀阀

H形膨胀阀是因其内部通路像字母H而得名，属于整体式膨胀阀，用感温元件代替了外平衡管、感温包和毛细管，且感温元件处在进入压缩机的制冷剂气流中，因此感受的温度不受环境影响，且不存在外平衡式膨胀阀反应滞后的现象，因而其可靠性更高，广泛应用各种汽车空调系统中，其工作原理如图7-15所示。

H形膨胀阀固定在蒸发器上（如图7-16所示）。它有4个接口通往汽车空调制冷装置，其中两个接口和标准膨胀阀的一样，一个接储液干燥器出口，另一个接蒸发器进口。它还有两个接口，一个接蒸发器出口、另一个接压缩机进口。

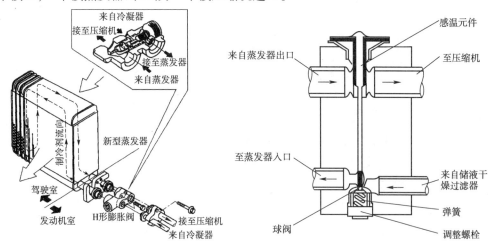

图 7-15　H形膨胀阀安装位置图　　　　图 7-16　H形膨胀阀工作原理图

（六）膨胀管

膨胀管是一种固定孔口的节流装置，由于孔径是固定的，因此，不能调节进入蒸发器制冷剂的流量，仅起到节流减压的作用。

膨胀管安装在制冷装置的高压侧，管的两端分别连接冷凝器与蒸发器其结构如图 7-17 所示。膨胀管的构造很简单，在一根工程塑料管的中间装置了一条节流用的铜管，铜管的内孔孔径为 4mm，塑料管两端装有金属过滤网，以防止堵塞。

（七）蒸发器

蒸发器也是一个热交换器，其作用是将来自膨胀阀的低压制冷剂蒸发而吸收车内空气的热量，从而达到车内降温的目的。

空调制冷系统工作时，膨胀阀喷出的雾状制冷剂进入蒸发器，鼓风机将空气吹过蒸发器，空气和蒸发器内的制冷剂进行热交换，制冷剂吸收空气热量气化，空气降温，同时空气中的水分凝结在蒸发器的散热片上，并通过接水盘和排水管排出车外。

蒸发器安装在驾驶室仪表台的后面（如图 7-18 所示）。蒸发器的结构类型有管片式、管带式和层叠式。目前我国轿车上主要采用全铝层叠式和管带式蒸发器，如奥迪A6、宝来、本田、别克、赛欧、上海帕萨特等轿车的空调均采用层叠式蒸发器，桑塔纳2000轿车的空调采用管带式蒸发器。

图 7-17　膨胀管　　　　　　　　图 7-18　蒸发器的安装位置

1. 管带式蒸发器

管带式蒸发器由多孔扁管与蛇形散热铝带焊接而成，与管带式冷凝器基本相同，只是长度更短些、厚度更厚些、扁管的孔数要多些、尺寸更紧凑,如图7-19所示。

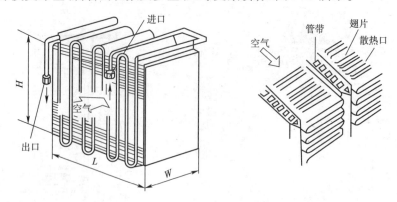

图7-19 管带式蒸发器

2.层叠式蒸发器

层叠式蒸发器由两片冲成复杂形状的铝板叠在一起组成制冷剂通道,每两片通道之间夹有蛇形散热铝带。这种蒸发器焊接要求高,但其热效率最高,结构也最紧凑,如图7-20所示。

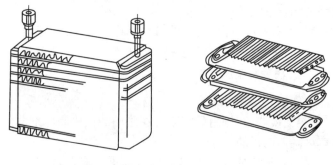

图7-20 层叠式蒸发器

(八)电磁离合器

在非独立式汽车空调系统中,压缩机是由汽车发动机驱动的。为了使空调系统的开、停不影响发动机的工作,压缩机的主轴不是与发动机曲轴直接相联,而是通过电磁离合器把动力传递给压缩机的。电磁离合器是发动机和压缩机之间的一个动力传递机构,受空调 A/C 开关、温控器、空调放大器、压力开关等控制,在需要时接通或切断发动机与压缩机之间的动力传递。另外,当压缩机过载时,它还能起到一定的保护作用。因此,通过控制电磁离合器的结合与分离,就可接通与断开压缩机。

在汽车空调系统中,电磁离合器一般安装在压缩机前端面,成为压缩机总成的一部分。电磁离合器由皮带轮、电磁线圈和压力板等主要部件组成。

当空调开关接通时,电流通过电磁离合器的电磁线圈,电磁线圈产生电磁吸力,使压缩机的压力板与带轮结合,将发动机的转矩传递给压缩机主轴,使压缩机主轴旋转;当断开空调开关时,电磁线圈的吸力消失。在弹簧作用下,压力板和带轮脱离,压缩机便停止工作,如图7-21所示。

三、暖风装置

汽车的暖风装置的主要作用是将车内的空气或从车外进入车内的新鲜空气加热,提高车内的温度。

暖风装置按热源的不同可分为水暖式取暖装置和独立热源式取暖装置等,目前,小型客车上主要采用水暖式取暖装置,大型车辆上主要采用独立热源式取暖装置。

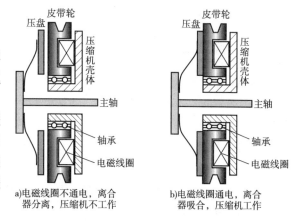

a)电磁线圈不通电,离合器分离,压缩机不工作
b)电磁线圈通电,离合器吸合,压缩机工作

图7-21 电磁离合器工作原理图

(一)热水取暖装置

1. 水暖式取暖装置的结构组成

水暖式取暖装置主要由加热器、水阀、鼓风机、控制面板等组成。加热器安装在蒸发箱里,热水阀安装在发动机与加热器进水口之间的冷却液通道中,用于控制进入加热器的发动机冷却液流量。通过控制板上的温度调节装置便可操纵热水阀;鼓风机与制冷装置共用,如图7-22所示。

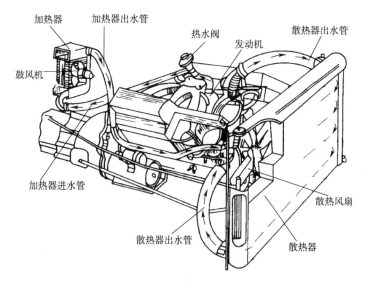

图7-22 水暖式取暖装置

2. 工作原理

热水取暖式暖风装置一般以发动机冷却系统中的冷却液作为热源,通过水阀控制,将冷却液引入空调蒸发器的加热器中,使鼓风机送来的车厢内空气或外部空气与加热器中的冷却液进行热交换,鼓风机将加热后的空气送入车厢内,使车内温度升高。

(二)独立热源式取暖装置

在大、中型客车上,仅靠发动机冷却水的余热取暖是远远满足不了要求的,为此,在大客车中常采用独立热源式取暖装置。独立热源式采暖装置是专门利用汽油、煤油、柴油等作燃料,使其在燃烧装置中燃烧产生热量,利用空气与燃烧装置进行热交换,使车内空气升温。

四、通风装置

通风装置的作用是将车外的新鲜空气引入车内,将车内的污浊空气排出车外,同时通风装置还具有风窗除霜的作用。目前,汽车空调的通风方式一般有动压通风、强制通风和综合通风三种。

(一)动压通风

动压通风也称自然通风,它是利用汽车行驶时对车身外部所产生的风压为动力,在适当的地方开设进风口和排风口,以实现车内的通风换气。轿车动压通风,如图 7-23 所示。

(二)强制通风

采用动压通风方式进行换气时,车辆在静止和在低速行驶时,通风量过小,故一些车辆采用强制通风方式。强制通风是采用鼓风机强制车外新鲜空气送入车厢内的一种通风方式,如图 7-24 所示。

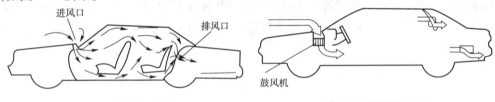

图 7-23 轿车动压通风　　图 7-24 轿车强制通风

(三)综合通风

综合通风是指一辆汽车上同时采用动压通风和强制通风。轿车均采用动压通风与强制通风相结合的方式,其通风装置与采暖装置、制冷装置等结合在一起而形成完整的空调系统,导入外部空气既可经调节也可不经调节而进入车内。

五、空气净化装置

汽车空调系统采用的空气净化装置通常有空气过滤式和静电集尘式两种。前者是在空调系统的送风和回风口处设置空气滤清装置,它仅能滤除空气中的灰尘和杂物,因此,结构简单,只需定期清理过滤网上的灰尘和杂物即可,广泛用于各种汽车空调系统中。后者则是在空气进口的过滤器后再设置一套静电集尘装置或者单独安装一套用于净化车内空气的静电除尘装置。它除具有过滤和吸附烟尘等微小颗粒的杂质作用外,还具有除臭、杀菌、产生负氧离子以使车内空气更为新鲜洁净的作用。由于其结构复杂,成本高,所以,只用于高级轿车和旅行车上。图 7-25 所示为静电集尘式空气净化装置的空气净化原理图。

图 7-25 静电集尘式空气净化装置原理图

在图 7-25 中,预滤器用于过滤大颗粒的杂质;静电集尘器则以静电集尘方式把微小的颗粒尘埃、烟灰及汽车排出的气体中含有的微粒吸附在集尘板上,其原理是通过高压放电时产生的加速离子通过热扩散或相互碰撞而使浮游尘埃颗粒带电,然后在高压电场中库仑力的作用下,克服空气的阻力而被吸附在集尘电极板上;灭菌灯用于杀死吸附在集尘板上的细菌,它是一个低压水银放电管,能发射出紫外线光,其杀菌能力约为太阳光的 15 倍;除臭装置用于除去车厢内的油料及烟雾等气味,一般是采用活性炭过滤器、纤维式或滤纸式空气过滤器来吸附烟尘和臭气等有害气体。

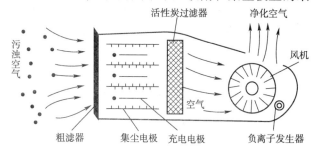

图 7-26 静电集尘式空气净化装置

图 7-26 所示为静电集尘式空气净化装置结构示意图,它通常安装在制冷、采暖采用内循环方式的大客车上,污浊空气经静电集尘式空气净化装置净化后的空气洁净度很高,可以充分满足汽车对舒适性的要求。

模块三 汽车空调的调节方式

汽车空调的调节方式有两种:手动调节方式和电控自动调节方式。

一、手动调节方式

手动空调的调节包括温度调节、出风口位置调节、鼓风机风速调节和空气的内外循环调节等。调节是通过空调控制面板上的拨杆或旋钮进行的,空调的控制面板,如图 7-27 所示。

图 7-27 手动空调控制面板图

空调控制面板上有温度调节、气流选择、鼓风机速度、空气进气选择(内外循环选择)、空调开关(A/C)和运行模式选择开关。其中温度调节、气流选择、空气进气选择是通过气道中的调节风门实现的,如图 7-28 所示,空调开关和运行模式选择开关、鼓风机速度选择是通过电路控制实现。

二、电控自动调节方式

电控自动空调系统利用传感器随时检测车内温度和车外温度的变化,并将检测到的信号送给空调 ECU。空调 ECU 按预先编制的程序对信号进行处理,并通过执行元件及时对鼓风机转速、出风温度、送风方式及压缩机工作状态等进行调节,从而使车内温度、空气湿度及空气流动状况始终保持在驾驶员设定的水平,如图 7-29 所示为自动空调控制面板图。

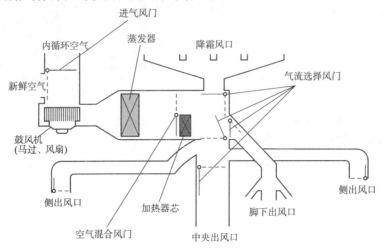

图 7-28 空调风道布置图

a)单温区

b)双温区

图 7-29 自动空调控制面板图

自动空调也可根据特殊需要按手动方式调节,如急需快速降温或需要大风量时,或需要尽快除去风窗玻璃和车窗上的水雾时。有些轿车的自动空调还装有红外线温度传感器,专门探测乘员面额部的表面皮肤温度。当传感器检测到人体皮肤温度时也反馈到控制空调运行的 ECU。这样,ECU 就能更精确地控制空调。

模块四　汽车空调系统的维护

一、汽车空调使用注意事项

正确使用空调系统对其性能及寿命、发动机的工作稳定及功耗、乘员的舒适性都有很大影响。

(1) 为保证取暖和通风正常工作,风窗玻璃前的进风口应避免被障碍物遮盖。

(2) 汽车空调制冷装置的设计使用温度在环境温度5℃以上,因此,使用制冷时环境温度应高于5℃。

(3) 使用制冷装置前应检查系统中制冷剂的量是否合适,是否存在泄漏部位,冷凝器冷却风扇能否正常工作,如发现问题,要在修复后方可使用。

(4) 必须保持空调系统的清洁,特别是需经常清除冷凝器和蒸发器散热片中的灰尘,以保持良好的热交换效果。

(5) 当车辆在太阳下长时间停放,车厢内温度很高时,应首先打开车门、车窗,开启空调驱散热气,然后关闭门、窗,以提高空调制冷效果。

(6) 空调系统应在发动机冷却水温度正常时使用,如发动机因大负荷工作引起水温过高,需暂停使用空调,直至水温正常再重新开启。

(7) 应避免在停车时,或在急速、高温下长时间使用空调,以免因系统温度和压力过高而损坏冷凝器等空调部件。

二、空调制冷装置的日常维护

(1) 保持冷凝器的清洁。冷凝器的换热效率与其清洁程度有很大关系,因此应经常检查冷凝器表面有无污物、泥垢,散热片是否弯曲或被阻塞现象。

(2) 保持空调滤清器的清洁,定期更换滤芯。

(3) 定期检查空调压缩机传动皮带的使用情况和松紧度。

(4) 经常检查制冷系统各管路接头和连接部位、螺栓、螺钉是否有松动现象。

(5) 在春、秋或冬季不使用冷气的季节里,应每半个月起动空调压缩机一次,以避免压缩机的油封处因缺油而泄漏。

三、汽车空调系统制冷性能的检测

(一) 定性检查

起动发动机,鼓风机开关置于最高风量挡位,温度调节至最低挡位,接通 A/C 开关,发动机运转 2~3min 后按以下方法进行定性检查:

(1) 用手感受制冷装置高、低压两侧的温度:压缩机吸入管有冰冷的感觉,而排出管有烫手的感觉,两管之间有明显的温差。

(2) 观察视液窗:如果制冷装置工作正常,视液窗看到应该是透明的,在发动机转速变化时偶尔有少许气泡且很快消失。

(3)用手感比较:冷凝器流入管的温度应比流出管的温度高;膨胀阀前后应有明显的温差,前热后冷;冷凝器流出管至膨胀阀输入端之间的高压区的管道及部件温度应均匀一致;蒸发器出口至压缩机吸入口的管道有冰冷而不结霜的感觉,即使结霜也应随即融化,只能看到化霜后的小水珠;冷风出口有冰凉的感觉。

(二)定量检查

(1)连接好歧管压力表。

(2)起动发动机,使压缩机的转速保持在2000r/min左右。

(3)使空调系统处于最强制冷状态,鼓风机处于最高风量挡位置。

(4)打开所有车门、车窗,将干球温度计放在空调器冷气出口处,将湿球温度计放在冷气装置风机的进风口。

(5)发动机转15min,读取温度计数值及歧管压力表数值,温度计指示值及系统中高、低数值应符合标准。

不同型号的车辆,由于压缩机结构、功率不一样,冷凝器安装位置不一样,系统中蒸发器、冷凝器的匹配参数不一样等因素的影响,不同型号车辆空调系统的高低压力值、空调出风口温度可能会不一样,应按检查车辆的标准判断空调的性能。

四、制冷剂加注

制冷剂加注分为两种情况:一种是制冷系统制冷剂不足,进行补充加注;另一种是制冷系统中无制冷剂,重新加注。如果制冷剂不足,需检查系统是否有泄漏的地方,在确认系统无泄漏后,可进行补充。如果空调系统更换了零件或因其他原因制冷剂全部漏光,则需重新加注,重新加注制冷剂时应先对系统进行抽真空作业,以抽去制冷循环系统的水分,防止因水结冰堵塞制冷系统的管路。

(一)加充注制冷剂的主要工具

1. 歧管压力表组

歧管压力表组是汽车空调系统维修中必备的工具,它用于制冷系统抽真空、制冷剂的注入和排放、添加润滑油及制冷系统故障诊断和维修等,其结构如图7-30所示。

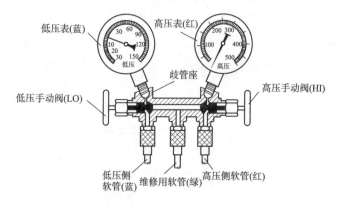

图7-30 歧管压力表组结构图

2. 真空泵

真空泵是汽车空调制冷系统安装、维修后抽真空不可缺少的设备,以去除系统内的空气和水分等物质。如图 7-31 所示。

3. 制冷剂注入阀

为便于维修汽车空调和随车携带方便,制冷剂生产厂制造了一种小罐制冷剂(一般小于1000g),当向制冷系统加注制冷剂时,可将注入阀装在制冷剂罐上,旋动制冷剂注入阀手柄。阀针刺穿制冷剂罐,即可充注制冷剂,其结构如图 7-32 所示。

图 7-31 真空泵

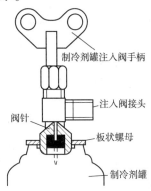

图 7-32 制冷剂注入阀结构图

(二)抽真空

抽真空是汽车空调维修作业中的一项重要程序,因为对制冷系统进行维修作业(例如更换空调系统零部件)时,空气会进入空调系统,空气中含有部分水蒸气,空气的湿度越大,水分越多。

抽真空是为了排除汽车空调系统中残留的空气和水分。抽真空时间越长系统内残留的水分越少。

空调系统一经开放就必须抽真空,以清除可能进入空调系统的空气和水分。

(1)将歧管压力表组的高、低压软管分别接入空调系统的高、低压维修阀上,歧管压力表的中间软管接入真空泵的吸气口。

(2)起动真空泵,打开歧管压力表组上的高、低压手动阀。

(3)抽空至歧管压力表低压表显示真空度大于 750mmHg 后,关闭高压和低压侧手阀,记录低压表的读数,停止真空泵工作。

(4)5min 或更长时间后,检查低压表读数是否有变化,如果低压表读数有变化,真空度变小,说明有空气进入空调系统,应对空调系统进行检漏,检查泄漏部位并排除故障后再重新抽真空;若低压表读数不变,则继续抽真空,时间应在 30min 以上。待低压表压力值稳定后,关闭高、低压手动阀,关闭真空泵,结束抽真空工作,可以准备加注制冷剂。

 拓展知识

如果抽空不足,空调管道内的水分会冻结,这将阻碍制冷剂的流动并导致空调系统内表生锈。

空调系统抽真空后必须立即关闭歧管压力表手阀,然后停止真空泵工作。如果这个顺序被颠倒,空调系统将会暂时与大气相通。

（三）加注制冷剂

1. 高压侧加注制冷剂

(1)高压侧加注的特点：

①适用于对制冷系统的第一次加注或对空调系统进行维修后经检漏、抽真空后的空调系统进行加注。

②安全、快速。

③加入的制冷剂是液体状态。

④对于制冷剂的加注量是采取定量加注的方法。

(2)注意事项：

①对系统进行制冷剂加注时,严禁开启空调制冷系统,压缩机处于停止状态(发动机停转)。

②制冷剂罐处于倒立状态。

③歧管压力表组的低压手动阀处于关闭状态。

(3)操作步骤：

①在空调系统抽真空结束后,关闭歧管压力计上的高、低压手动阀。从真空泵吸气口接头拆下压力表组的中间软管,并将拆下的软管与制冷剂罐注入阀的接头连接。

②打开制冷剂罐注入阀,再拧松压力表组上中间软管与压力表连接螺母,让气体溢出几分钟,当软管有冷气流出时,迅速拧紧螺母(利用制冷剂的压力排出中间软管内的空气)。

③拧开高压侧手动阀至全开位置,将制冷剂罐倒置。

④从高压侧注入规定量的液态制冷剂。关闭制冷剂罐注入阀及歧管压力计上的高压手动阀,然后将歧管压力表组卸下,从高压侧加注制冷剂结束。

 拓展知识

从高压侧向系统加注制冷剂时,发动机处于不起动状态(压缩机停转),不能打开歧管压力表组上的低压手动阀,以防产生液击。

2. 低压侧加注制冷剂

(1)低压侧加注的特点：

①适用于空调系统内制冷剂量的缺乏,对空调系统内制冷剂的量进行补充。

②加注速度慢。

③加入的是制冷剂气体。

(2)注意事项：

①低压侧加注制冷剂时,制冷剂罐处于正立位置。

②制冷剂加注时,需要开启空调系统,压缩机处于工作状态(发动机运转)。

③歧管压力表组的高压手动阀处于关闭位置。

(3)操作步骤：

①将歧管压力表组的高、低软管与空调系统的高、低压维修阀连接好。

②将压力表组的中间软管与制冷剂罐相连,打开制冷剂罐上的阀门,拧松中间软管在歧

管压力表上的螺母,直到有制冷剂冷气流出,然后拧紧螺母。(利用制冷剂罐内的压力,排出歧管压力表中间软管内的空气)。

③将制冷剂罐正立,起动发动机,开启(A/C)空调制冷系统。

④打开歧管压力表组的低压手动阀。

⑤将鼓风机开关置于最高风速挡位,温控开关开至最大最冷位置,新鲜空气循环风门至于内循环位置。

⑥将发动机转速控制在 1500~2000r/min。

(4)检查制冷剂充注量(制冷剂加注量是否合适):

①观察压力表。R134a 制冷剂系统工作压力一般为:低压侧压力一般为 0.12~0.25MPa,高压侧压力一般为 1.40~1.60MPa。

②观察视液窗。空调制冷系统工作时,视液窗内制冷剂流动稳定、无气泡。

③参照厂方手册的加注量进行加注。

 思考练习题

一、填空题

1. 汽车空调系统通常由_____、_____、_____、_____及_____等组成。

2. 膨胀阀式制冷循环装置主要由_____、_____、_____、_____和_____等主要部件组成。

3. 膨胀管式制冷循环装置主要由_____、_____、_____、_____等主要部件组成。

4. 目前,轿车空调系统冷凝器的结构主要有_____和_____两种。

5. 膨胀阀的结构类型有_____膨胀阀、_____膨胀阀和_____膨胀阀三种。

6. 汽车空调系统水暖式取暖装置主要由_____、_____、_____、控制面板等组成。

7. 目前汽车空调的通风方式一般有_____、_____和_____三种。

8. 歧管压力表组是汽车空调系统维修中必备的工具,它用于制冷系统_____、_____、添加润滑油及制冷系统故障诊断和维修等。

二、选择题

1. 目前,大部分汽车空调系统使用的环保制冷剂是(　　)。
    A. F12　　　　　　B. F134a　　　　　　C. R134a　　　　　　D. R12

2. 膨胀阀可以根据制冷负荷的大小调节制冷剂进入蒸发器的制冷剂的(　　),确保制冷剂在蒸发器内完全气化而进入压缩机。
    A. 流量　　　　　　B. 数量　　　　　　C. 压力　　　　　　D. 温度

3. 正常情况下,从压缩机排出进入冷凝器的制冷剂是(　　)。
    A. 气态　　　　　　B. 液态　　　　　　C. 气液混合状态　　　　　　D. 不确定

4. 膨胀管式制冷循环装置在压缩机与蒸发器之间安装的是(　　)部件。

  A. 压缩机   B. 蒸发器   C. 膨胀管   D. 积累器
  5. 大部分汽车的空调开关上有( )标志。
  A. AIR   B. AC   C. A   D. A/C
  6. 在定排量的空调制冷装置中,( )是发动机和压缩机之间的一个动力传递机构,受空调 A/C 开关、温控器、空调放大器、压力开关等控制。
  A. 连接器   B. 变速器   C. 电磁离合器   D. 电动机
  7. 用手受冷凝器流入管与流出管的温度,若冷凝器工作正常,流入管比流出管温度( )。
  A. 高   B. 低   C. 无变化   D. 不能确定
  8. 空调制冷系统抽真空的目的是为了排除汽车空调系统制冷装置中残留的( )。
  A. 空气   B. 水分   C. 空气和水分   D. 制冷剂
  9. 压缩机工作良好时,压缩机吸入管有冰冷的感觉,而排出管有( )的感觉。
  A. 热   B. 烫手   C. 凉   D. 暖
  10. 储液干燥过滤器安装在( )之后。
  A. 压缩机   B. 冷凝器   C. 蒸发器   D. 膨胀阀

三、判断题(对的打"√",错的打"×")

  1. 大部分轿车的空调系统属于非独立式空调系统。( )
  2. 压缩机的"液击"现象是液态制冷剂进入压缩机产生的现象。( )
  3. 轿车空调系统的冷凝器一般安装在发动机冷却系统散热器的后端。( )
  4. 变排量压缩机属于摇板式压缩机,在压缩机后端增加一套可变排量机构,该机构根据制冷气负荷的变化,改变摆盘与压缩机轴的角度。( )
  5. 目前,轿车上主要采用水暖式取暖装置,大型车辆上主要采用独立热源式取暖装置。( )
  6. 汽车空调系统采用的空气净化装置都采用静电集尘式结构。( )
  7. 蒸发器与冷凝器结构相似,都热交换器,但蒸发器的厚度比冷凝器厚。( )
  8. 使用自动空调的汽车,不能进行手动调节温度,只能自动调节。( )
  9. 如果抽空不足,空调管道内的水分会冻结,这将阻碍制冷剂的流动并导致空调系统内表生锈。( )
  10. 空调系统第一次加注制冷剂或对空调系统进行维修后经检漏、抽真空后的空调系统进行加注制冷剂采用从低压侧加注的方法。( )

四、问答题

  1. 空调系统有什么作用?
  2. 叙述汽车空调系统的组成,各组成装置有何作用?
  3. 简述汽车制冷装置的工作原理。
  4. 简述轿车空调取暖装置的工作原理。
  5. 汽车空调使用注意事项有哪些?
  6. 如何对轿车空调制冷性能进行定性检查?
  7. 空调制冷剂加注有几种方法,各有什么特点?

项目八　汽车安全气囊系统

知识目标

1. 掌握安全气囊系统的作用、分类、组成；
2. 理解安全气囊系统工作原理；
3. 掌握安全气囊的引爆有效范围。

能力目标

1. 在实车上能正确指出安全气囊安装的位置；
2. 能说出安全气囊的使用注意事项。

模块一　汽车安全气囊系统概述

汽车的安全性分为主动安全和被动安全两种，主动安全是指汽车防止发生事故的能力，被动安全是指在万一发生事故的情况下，汽车保护乘员的能力。当汽车发生事故时，对乘员的伤害是在瞬间发生的，为了在这样短暂的时间中防止对乘员的伤害，必须设置安全装备，目前主要有安全带、防撞式车身和安全气囊防护系统（Supplemental Restraint System，简称SRS）等。

一、安全气囊系统的作用

安全气囊的作用是在车辆发生碰撞后迅速在乘员和车内部件之间打开一个充满气体的气囊，让乘员扑在气囊上，通过气囊的排气节流吸收乘员的动能，使乘员在车内猛烈的碰撞得以缓冲，以达到保护乘员的目的。

二、安全气囊系统的类型

安全气囊已成为现代汽车上的常规装备，且普遍采用电子控制式安全气囊。但各种车型安全气囊的安装位置、安装数目等有所差异。

1. 按数量分类

安全气囊按数量分类可分为单气囊系统、双气囊系统、多气囊系统。

2. 按功能分类

安全气囊按功能分可分为正面安全气囊、侧面安全气囊、顶部安全气囊、下肢用安全气囊等。

三、智能安全气囊

汽车智能安全气囊是在普通安全气囊的基础上增加某些传感器,并改进安全气囊电子控制单元的程序实现。增加了乘员质量传感器,能感知座位上的乘员是成人还是儿童;增加了红外线传感器,能探测出座椅上是人还是物体;增加了超声波传感器,能探明乘员的存在和位置等。安全气囊电子控制单元则能根据乘员的身高、体重、所处的位置、是否系安全带以及汽车碰撞速度及碰撞程度等,及时调整气囊的膨胀时机、膨胀方向、膨胀速度及膨胀程度,以便安全气囊对乘客提供最合理和最有效的保护。

四、安全气囊在车上的安装位置

1. 正面碰撞安全气囊

驾驶员位置的正面安全气囊装置在转向盘的中部,容积较小,约40L;前排副驾驶位置的正面碰撞气囊安装在仪表板右侧、杂物箱的上方,容积一般为60~80L;后排座乘员位置正面碰撞安全气囊大多数安装在前排座椅靠背中,后排乘员用安全气囊的容积一般可达到100L。正面碰撞气囊对驾驶员与乘员的头部、颈部和胸部等进行保护。如图8-1所示。

2. 侧面碰撞安全气囊

侧面安全气囊可以装在车门上横梁中、车门内板中或座椅侧面。侧面防撞用安全气囊的容积由于空间的限制一般都较小,装在车门内板中的气囊的容积为35~40L,装在座椅侧面的气囊的容积仅12L左右。车门上横梁中防侧撞安全气囊用来保护乘员的头部。装在车门内板中防侧撞安全气囊和装在座椅侧面防侧撞安全气囊用来保护乘员的胸部、心脏、肺脏等重要器官。如图8-2所示。

图8-1 正面碰撞安全气囊

3. 下肢用安全气囊

下肢用安全气囊装置在仪表板下部的前围板上,容积为13L。在汽车发生碰撞时,能够有效地防止驾驶员的下肢、小腿和膝部与各种踏板、操纵杠杆等发生碰撞,对驾驶员的下肢、小腿和膝部进行保护。如图8-3所示。

图8-2 侧面碰撞安全气囊

图8-3 下肢用安全气囊

模块二 汽车安全气囊系统的组成及工作原理

一、安全气囊系统的组成

安全气囊主要由传感器、安全气囊 ECU 及气囊组件等组成。如图 8-4 所示。

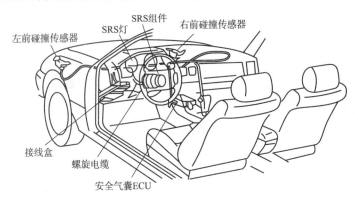

图 8-4 安全气囊系统组成

(一) 传感器

传感器是安全气囊系统主要的控制信号输入装置。其作用是检测、判断汽车发生事故时的碰撞强度信号,并将此信号输入电控单元,电控单元根据传感器的输入信号来判断是否引爆充气元件使气囊充气。

安全气囊传感器按功能的不同,可分为碰撞传感器和安全传感器两种。传感器按结构形式不同,又可分为机械式、机电式和电子式三种。

1. 碰撞传感器

碰撞传感器主要用来检测碰撞强度并将信号输入给安全气囊 ECU。安装于汽车前部的碰撞传感器叫前碰撞传感器,如图 8-5 所示。安装于安全气囊 ECU 内部的碰撞传感器叫中央传感器。

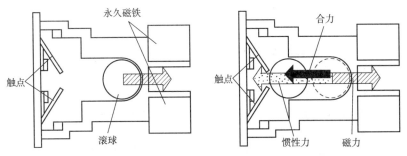

图 8-5 滚球式碰撞传感器结构及原理

2. 安全传感器

安全传感器又称保险传感器,防止安全气囊系统在非碰撞的情况下发生误引爆。安全传感器安装在安全气囊 ECU 内部,通常有两个安全传感器。如图 8-6 所示。

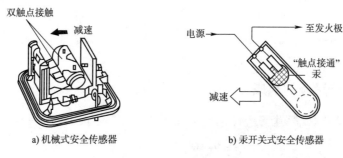

a) 机械式安全传感器　　b) 汞开关式安全传感器

图 8-6　安全传感器结构及原理

(二) 安全气囊 ECU

安全气囊 ECU 是安全气囊系统的核心部件,主要由安全气囊逻辑模块、能量储存装置 (电容)、连接器等组成。通常安装在驾驶室变速杆前、装饰板下面。

在汽车行驶过程中,安全气囊 ECU 不断接收到前碰撞传感器和安全传感器传来的车速变化信号,经过数学计算和逻辑判断后,确定是否发生碰撞。当判断结果为发生碰撞时,立即运行控制点火的软件程序,并向点火电路发出点火指令引爆点火剂。点火剂引爆时产生大量热量,使充气剂受热分解释放大量气体给气囊充气。

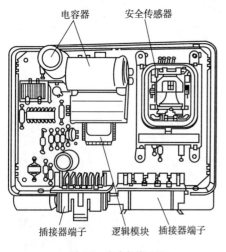

图 8-7　安全气囊 ECU

安全气囊系统有两个电源:一个是汽车电源,另一个是备用电源。备用电源又称为后备电源或紧急备用电源。备用电源电路由电源控制电路和若干个电容器组成。在单安全气囊系统的控制组件中,设有一个电脑备用电源和一个点火备用电源。在双安全气囊系统的控制模块中,设有一个电脑备用电源和两个点火备用电源,即两条点火电路各设一个备用电源。点火开关接通 10s 后,如果汽车电源电压高于安全气囊 ECU 的最低工作电压,那么电脑备用电源和点火备用电源即可完成储能任务,如图 8-7 所示。

 拓展知识

备用电源用于当汽车电源与安全气囊 ECU 之间的电路切断后,在一定时间内(一般为 6s)维持安全气囊系统供电,保持安全气囊系统的正常功能。当汽车遭受碰撞而导致蓄电池和交流发电机与安全气囊 ECU 之间的电路切断时,电脑备用电源能在 6s 内向安全气囊 ECU 供给电能,保证安全气囊 ECU 能测出碰撞、发出点火指令等正常功能。点火备用电源能在 6s 内向点火器供给足够的点火能量引爆点火剂,使充气剂受热分解,使气囊充气膨胀。

时间超过 6s 后,备用电源供电能力降低,ECU 备用电源不能保证安全气囊 ECU 能测出碰撞和发出点火指令,点火备用电源不能供给最小点火能量,安全气囊不能充气膨胀。

(三) 气囊组件

气囊组件主要由气体发生器、点火器、气囊、饰盖和底板等组成。其中驾驶员侧气囊组件位于转向盘中心处,前排乘员侧气囊组件位于仪表板右侧、杂物箱的上方。后排乘员气囊组件位于前排座椅的靠背里。

1. 气体发生器

气体发生器又称充气器,气体生成器由上盖、下盖、充气剂(片状叠氮化钠)和金属滤网组成,如图8-8所示。

2. 点火器

点火器安装在气体发生器内部中央位置。点火器包括点火剂(引爆炸药和引药)和引出导线等。点火器分解图,如图8-9所示。

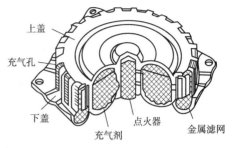

图 8-8 气体发生器

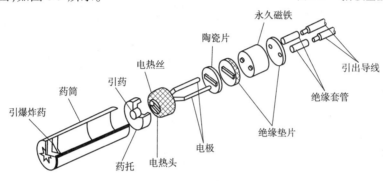

图 8-9 点火器

3. 气囊

驾驶员侧气囊多采用尼龙布涂氯丁橡胶或有机硅制成。橡胶涂层起密封和防燃作用;气囊背面有两个泄气孔;乘客侧气囊没有涂层,靠尼龙布本身的孔隙泄气。

4. 饰盖

饰盖是气囊组件的盖板,上面模制有撕缝,以便气囊能冲破饰盖膨开。

5. 底板

气囊和充气器装在底板上,底板装在转向盘或车身上,气囊膨开时,底板承受气囊的反力。

二、安全气囊系统工作原理

当车辆发生碰撞时,传感器感知车辆碰撞强度并将其传给 SRS ECU,SRS ECU 进行判断,并在适当时机发出点火信号触发气体发生装置,迅速产生大量气体充入气囊,使气囊展开。气囊工作过程示意图,如图8-10所示。

三、安全气囊系统的动作过程

图 8-11 所示为奥迪轿车车速为 50km/h 时与前面障碍物相撞时气囊的引爆过程。

(1)撞车 10ms 后,达到引爆系统引爆极限,点火器点燃气体发生器产生氮气,驾驶员仍然直坐着。

(2)撞车 40ms 后,气囊已完全充胀,驾驶员向前移动,安全带斜系在驾驶员身上并被拉长,部分冲击能量已被吸收。

（3）撞车80ms后,驾驶员的头及身体上部沉向气囊,气囊后面的排气孔将氮气在一定压力下匀速逸出。

（4）撞车110ms后,驾驶员向后移动回到座椅上,大部分气体从气囊中逸出,前方恢复清晰视野。

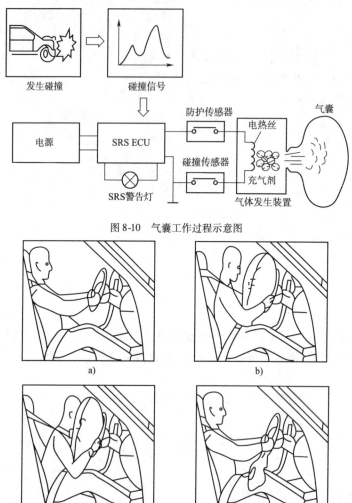

图8-10　气囊工作过程示意图

图8-11　安全气囊系统的动作过程

气囊动作时间极短,从开始充气到完全充满的时间约为30ms;从汽车受碰撞开始,到安全气囊收缩为止,所用时间极为短暂,仅为120ms,而人的眼皮眨一下所用时间约为300ms。

四、安全气囊系统引爆的有效范围

图8-12所示,正面安全气囊系统在汽车从正前方或斜前方30°角范围内发生碰撞且其纵向减速度达到某一值（减速度阈值）时,才能引爆正面安全气囊。

在下列条件之一的情况下,不会引爆安全气囊:

(1)汽车遭受侧面碰撞超过斜前方30°角时。

(2)汽车遭受横向碰撞时。

(3)汽车遭受后方碰撞时。

(4)汽车发生绕纵向轴线侧翻时。

(5)纵向减速度未达到设定阈值时。

(6)汽车正常行驶、正常制动或在路面不平的道路上行驶时。

在美国,因为安全气囊系统是按驾驶员不配戴座椅安全带来设计的,引爆气囊的车速为12~22km/h;日本和欧洲,由于安全气囊系统是按驾驶员配戴座椅安全带来设计的,引爆气囊的车速为19~32km/h。

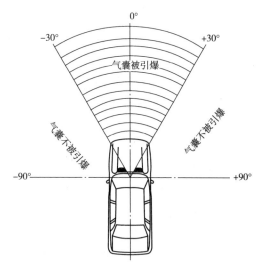

图8-12 安全气囊系统引爆的有效范围

五、安全气囊系统的正确使用

(一)安全气囊的正确使用

1. 安全气囊必须与安全带配合使用

据一项调查显示:单独使用安全带的安全程度可达60%,而单独使用安全气囊的安全程度只能达到40%,如果两者配合使用,安全程度可达90%。

2. 应及时排除安全气囊的故障

驾驶员可通过指示灯来判断安全气囊系统是否有故障。发现安全气囊系统故障,必须即时排除,绝对不能带病运行,否则会产生两种严重后果。一种是若汽车发生重度碰撞时,需要安全气囊膨胀展开起安全保护作用,它却不能工作。另一种则是在汽车正常运行安全气囊不应工作时,它却突然膨胀展开,给司机和乘客造成不应有的意外伤害,甚至发生安全事故。

3. 不要人为碰撞安全气囊传感器

安全气囊传感器对碰撞冲击很敏感,所以在对汽车进行维修作业,若有可能对传感器造成碰撞冲击时,应先将传感器拆下,以免安全气囊不必要的突然展开,待维修竣工后,再装好传感器。

4. 按规范保管好安全气囊系统元器件

因安全气囊系统中有火药、传爆管等易燃易爆物品,所以,其运输保管必须严格按规范进行,否则将会造成严重后果。

(二)安全操作规范

(1)安全气囊系统元器件要保证原厂包装,单独、恰当的运输,妥善保管。

(2)非安全气囊专业维修人员不得进行安全气囊的检查、维修工作。

(3)不能使安全气囊的元器件受85℃以上的高温。

(4)不能任意改动安全气囊系统的线路和元器件结构。

（5）不能在装有安全气囊的部位粘贴饰物、胶条及摆放任何物品。

（6）未成年儿童和身材矮小乘员,乘坐有安全气囊的车辆时要坐后排,因气囊对他们的保护效果不如成年人。

（7）对安全气囊进行所有的维修作业时都必须在断开蓄电池电源线 3min 后再进行,以免发生意外,使气囊展开。

思考练习题

一、填空题

1. 安全气囊按功能分可分为_____、_____、_____、_____。
2. 安全气囊主要由_____、_____及_____等组成。
3. 驾驶员位置的正面安全气囊装置在_____;前排副驾驶位置的正面碰撞气囊安装在_____。
4. 安全气囊传感器按功能的不同,可分为_____和_____两种。
5. 安全气囊通常与_____配合使用,可以为乘员提供十分有效的防撞保护。

二、选择题

1. 碰撞传感器的工作状态取决于车辆碰撞时(   )。
   A. 减速度的大小   B. 车速的高低   C. 发动机转速的高低
2. 在气囊织物上面开有几个小孔,目的是(   )。
   A. 形成一个缓冲软垫保护层
   B. 在气囊展开后,气体能够在规定时间内释放
   C. 避免气囊展开过快
3. 安全气囊系统导线连接器上有装有短路片的目的是(   )。
   A. 防止线路接触不良
   B. SRS 故障指示灯
   C. 防止造成意外点火
4. 汽车 SRS 气体发生剂引燃后产生大量的(   )。
   A. 二氧化氮   B. 氮气   C. 氧气   D. 二氧化碳
5. 不属于汽车安全气囊系统组件的是(   )。
   A. 碰撞传感器   B. 螺旋导线   C. 气囊组件   D. 爆燃传感器
6. 驾驶员侧安全气囊位于汽车的(   )。
   A. 座椅上   B. 车门上   C. 转向盘中   D. 仪表盘上
7. (   )主要用来检测碰撞强度并将信号输入给安全气囊 ECU。
   A. 碰撞传感器   B. 安全传感器   C. 气囊组件
8. 正面安全气囊系统在汽车从正前方或斜前方(   )角范围内发生碰撞且其纵向减速度达到某一值(减速度阈值)时,才能引爆正面安全气囊。
   A. 10°   B. 30°   C. 60°   D. 90°
9. 驾驶员侧气囊多采用尼龙布涂氯丁橡胶或有机硅制成。橡胶涂层起密封和防燃作

用;气囊背面有(　　);乘客侧气囊没有涂层,靠尼龙布本身的孔隙泄气。

　　A.1 个泄气孔　　　　B.2 个泄气孔　　　　C.3 个泄气孔　　　　D.4 个泄气孔

10.驾驶员可通过(　　)来判断安全气囊系统是否有故障。

　　A.故障诊断仪　　　　B.指示灯　　　　　　C.仪表　　　　　　　D.报警器

三、判断题(对的打"√",错的打"×")

1.SRS ECU 备用电源的作用是,当车辆发生碰撞导致外部电源中断时,能在一定的时间内提供足够的点火能量来引爆安全气囊。　　　　　　　　　　　　　　　　　　(　　)

2.安全 SRS ECU 时需要严格按照规定位置和方向固定。　　　　　　　　　(　　)

3.螺旋线圈的作用是连接驾驶侧气囊导线连接器和转向柱上的连接器。　　(　　)

4.安全气囊系统有两个电源:一个是汽车电源,另一个是备用电源。　　　　(　　)

5.气体发生器的作用是,车辆发生碰撞时,将碰撞信号输送给气囊控制单元。(　　)

6.安全气囊系统属于主动安全系统。　　　　　　　　　　　　　　　　　　(　　)

7.在维修安全气囊系统故障时,必须在拆下蓄电池负极电缆 20s 或更长时间后,再读取故障代码,否则会引起气囊误展开。　　　　　　　　　　　　　　　　　　　　(　　)

8.点火器安装在气体发生器内部中央位置,内置炸药。　　　　　　　　　　(　　)

9.只要碰撞强度和碰撞范围满足气囊引爆条件,才能引爆安全气囊。　　　　(　　)

10.汽车遭受后方碰撞时,只要碰撞强度足够大,正面碰撞气带就引爆。　　　(　　)

四、问答题

1.安全气囊的作用是什么?

2.叙述安全气囊在车上的安装在什么位置?

3.简述安全气囊系统的组成及各组成部件的作用。

4.按图 8-10 所示,叙述安全气囊的工作原理。

5.简述普通安全气囊与智能安全气囊的区别。

项目九　汽车中央门锁与防盗系统

知识目标

1. 能正确描述汽车中央门锁与防盗系统的作用、类型、组成及各部件的作用；
2. 能简单叙述汽车中央门锁及防盗系统的工作原理。

能力目标

1. 能正确指出中央门锁与防盗系统在实车上的安装位置；
2. 能正确使用中央门锁与防盗系统。

模块一　汽车中央门锁系统

为提高汽车使用的便利性和行车的安全性，现代汽车越来越多安装中央门锁控制系统。中央门锁控制系统采用集中控制方式控制汽车所有车门（包括尾箱门及油箱盖）的闭锁和开锁，并具有钥匙禁闭安全功能。所有车门的门锁可以通过驾驶室门侧上钥匙或无线遥控钥匙来操纵达到同时开闭功能。

一、中控门锁系统的功能

中央门锁具有钥匙联动闭锁和开锁以及钥匙占用预防功能。根据不同的车型、等级和使用地区，中央门锁装置具有不同的功能。

（一）手动闭锁和开锁功能

当门锁控制开关（门锁控制开关一般安装在驾驶员侧门内的扶手上）被置于闭锁或开锁侧时，所有的车门均被闭锁或开锁。

（二）车门钥匙闭锁和开锁功能

当钥匙插入到车门锁芯中顺时针或逆时针转动时，所有的车门均被闭锁或开锁。

拓展知识

当车门用钥匙闭锁或开锁时，只有通过机械操作来闭锁或开锁；某些车型在前座乘员车门上无车门钥匙锁芯。

（三）两级开锁功能

在钥匙联动开锁功能中，第一级开锁操作，只能以机械方式打开当前车门。第二级开锁操作，则同时打开其他车门。大多数汽车所有车门均可以通过前右或前左侧门上的钥匙来同时闭锁和开锁。

(四) 防止钥匙遗忘功能

驾驶座侧的车门打开,当钥匙被遗忘在点火开关锁芯中时,如操作门锁控制开关锁门,由于钥匙遗忘安全电路的存在,所有的车门先闭锁,然后马上开启。

(五) 安全功能

为了防止有人用棒或类似物从车门玻璃和车窗框之间的空隙拨动门锁控制开关来开启车门,可用车钥匙或发射机(无线门锁遥控器)设置门锁安全功能并且使门锁控制开关的开锁操作无效。

(六) 无钥匙电动车窗的功能

在某些门锁控制系统中,如果驾驶员下车锁车门时有车窗没有关闭,集成继电器中的无钥匙继电器就将控制电动车窗系统的电源,使电动车窗自动关闭。

二、中央门锁系统分类

中央门锁种类很多,按发展过程一般可分为普通中央门锁控制系统、电子式中央控制门锁系统、车速感应式中央门锁系统、电脑(ECU)控制的中央门锁系统。

三、中控门锁系统的组成

现代轿车的中央门锁系统普遍采用了ECU。ECU控制的中央控制门锁系统的组成包括三个部分:信号输入装置、控制电脑(ECU)、执行机构。图 9-1 所示为中央门锁控制系统组件的安装位置。

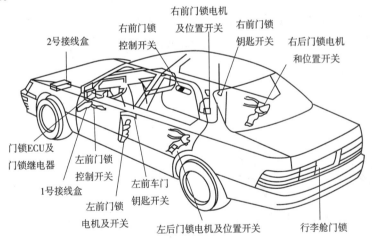

图 9-1 中央门锁系统各部件的安装位置

(一) 信号输入装置

信号输入装置主要由中央门锁控制开关、遥控发射器(主钥匙)、钥匙控制开关、门控灯开关、门锁位置开关、行李舱门锁开关、钥匙开锁警告开关等组成。其作用是检查点火开关状态、车门状态及门锁状态等。

1. 门锁控制开关

门锁控制开关包括中控门锁控制开关与车门门锁开关,它是将驾驶员或乘员的闭锁或开锁的信号传给中央门锁 ECU。安装在车门扶手上。中控门锁控制开关由驾驶员操作,集中控制各门锁的闭锁和开锁。车门门锁开关由乘员操作,控制单个车门门锁的闭锁和开锁。如图 9-2 所示。

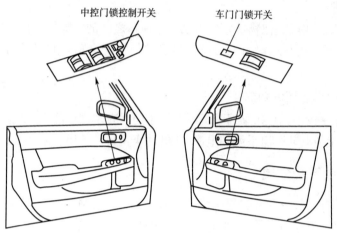

图 9-2 门锁控制开关安装位置

2. 遥控发射器(主钥匙)

遥控发射器(主钥匙)是向车内的电子接收器发射密码信号,其发射的信号为微弱无线电波或红外线信号,如图 9-3 所示。

3. 钥匙控制开关

钥匙控制开关安装在门锁锁芯的内端,如图 9-4 所示。其作用是探测是否有用钥匙闭锁或开锁的要求,当用钥匙开门或关门时,钥匙控制开关便发出开锁或闭锁的信号给门锁控制 ECU。

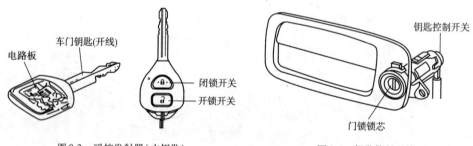

图 9-3 遥控发射器(主钥匙)　　图 9-4 钥匙控制开关

4. 门控灯开关

门控灯开关也叫门控开关、车门微开关,安装在汽车车门的门柱上。其作用是探测车门的开、闭状态,并将车门状态信号送给中央门锁 ECU。当车门开启时,此开关接通,反之断开。

5. 门锁位置开关

门锁位置开关位于门锁总成内,用来检测门锁的开、闭状态,当开锁时,此开关接通,反

6. 钥匙开锁警告开关(钥匙未拔出警告开关)

此开关安装在点火开关内,用于探测点火钥匙是否插在点火开关锁芯内,并将此信号送给ECU,以便实现点火钥匙防遗忘功能(在钥匙没有从点火开关里拔出来的情况下,能防止点火钥匙被锁在车内)。如果拔出钥匙,此开关断开。如果钥匙插在点火开关的锁芯内,钥匙开锁警告开关接通。

7. 行李舱门开启器开关

行李舱门开启器开关位于仪表板下面,拉动此开关便能打开行李舱门,如图9-5所示。钥匙门靠近行李舱门开启器,推压钥匙门,断开行李舱内主开关,此时再拉开启器开关也不能打开行李舱门。将钥匙插进钥匙门内顺时针旋转打开钥匙门,当主开关再次接通,便可用行李舱门开启器打开行李舱。

(二) 中央门锁控制单元(ECU)

中央门锁控制单元(ECU)的作用是接收信号输入装置送来的信号,并对这些信号进行处理,然后发出控制指令,控制执行机构,实现开锁或闭锁。

(三) 执行机构

中央门锁执行机构是用来直接控制车门锁的开锁与闭锁。现代汽车中央门锁执行机构一般有电动机式和电磁线圈式两种形式,他们都是通过改变控制电路中电流方向,实现中央门锁的闭锁和开锁。

1. 电动机式门锁执行机构

电动机式门锁执行机构由双向直流电动机、传动机构(蜗杆蜗轮、齿轮齿条)等组成。通过改变直流电动机电流方向,使直流电动机正转或反转,并经传动机构,将动力传给门锁锁扣,使锁扣移动,实现车门锁的闭锁和开锁动作,如图9-6所示。

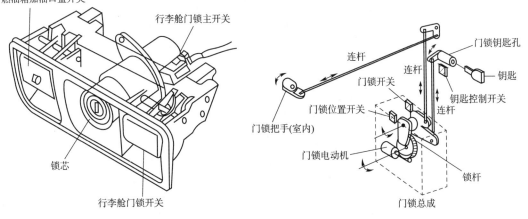

图9-5 行李舱门开启器开关　　　　图9-6 电动机式门锁执行机构

2. 电磁线圈式门锁执行机构

电磁线圈式门锁执行机构有闭锁和开锁两个线圈,其绕制方向相反。当按下闭锁按钮时,给闭锁线圈通电,衔铁带动连杆向左(闭锁)方向移动,实现车门锁的闭锁动作;当按下开锁按钮时,给开锁线圈通电,衔铁带动连杆向右(开锁)方向移动,实现车门锁的开锁动作。如图9-7所示。

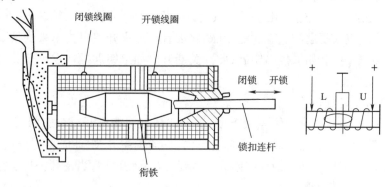

图9-7 电磁线圈式门锁执行机构

四、中央门锁工作原理

遥控发射器发出的无线电信号(识别代码)或钥匙开关信号接收后进入中央门锁控制单元ECU,经过处理识别确认后输出信号给门锁执行机构,执行机构完成门锁的闭锁和开锁。

五、丰田卡罗拉汽车遥控中央门锁系统

丰田卡罗拉汽车遥控门锁系统的组成及在车上安装位置,如图9-8所示。

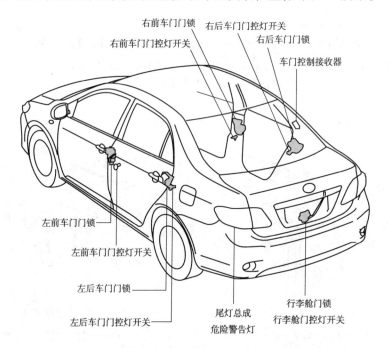

图9-8 丰田卡罗拉汽车遥控门锁系统的组成及在车上安装位置

(一)系统描述

丰田卡罗拉汽车遥控门锁控制系统的作用是从远处锁止和解锁所有车门。该系统由手

持式发射器控制,手持式发射器向车门控制接收器发送无线电波。ECU 执行识别码识别过程并控制门锁总成开锁和闭锁。

(二)系统功能

车门控制发射器带有闭锁、开锁和行李舱开启开关。操作这些开关以激活各项功能。遥控门锁控制系统具有以下功能:

(1)所有车门锁止:按下锁止开关,所有车门锁止。

(2)所有车门开锁:按下开锁开关,所有车门开锁。

(3)行李舱门打开:按下发射器的行李舱开启开关打开行李舱门。

(4)自动锁止:如果车门通过遥控门锁控制开锁后,在 30s 内没有车门打开,所有车门锁将自动再次锁止。

(5)应答:当通过遥控操作锁止车门时,危险警告灯闪烁一次。当通过遥控操作解锁车门时,危险警告灯闪烁两次。

(6)上车照明:当所有车门锁止时,按下开锁开关,车内照明灯随开锁操作同步亮起。

(三)工作原理

图 9-9 所示为丰田卡罗拉汽车遥控门锁工作原理示意图。

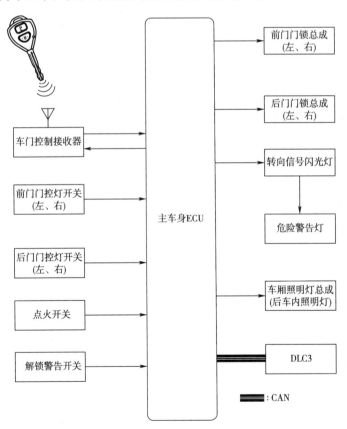

图 9-9　丰田卡罗拉汽车遥控门锁控制工作原理图

模块二　汽车防盗系统

汽车防盗系统是指当汽车处于防盗预警状态时,如盗贼企图撬开车门强行进入车内,或者非正常打开发动机罩、行李舱盖,或者非法搬运汽车时和使用非法钥匙起动汽车时,防盗系统会使防盗喇叭发出警告声,前照灯和尾灯会闪烁,并且控制发动机熄火停转,达到报警防盗的目的。

一、汽车防盗系统的组成

汽车防盗系统由三个部分组成:信号输入装置、防盗 ECU 和执行机构,如图 9-10 所示。

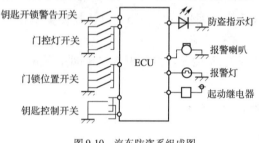

图 9-10　汽车防盗系组成图

（一）信号输入装置

信号输入装置主要由开关和传感器组成,包括钥匙控制开关、门锁位置开关、门控灯开关(车门微开开关)、发动机罩报警开关、行李舱盖开关、超声波传感器、振动传感器等,用来探测是否发生非法进入汽车或非法打开汽车各监控部位的情况。

（二）防盗 ECU

防盗电控单元 ECU 接收各种开关和传感器发送的信号,根据其预先存储的数据和编制的程序判断车门是否锁定、车辆是否被非法移动,控制各个执行器(门锁执行器、发动机 ECU、起动继电器、喇叭、灯光等),防盗报警系统处于报警状态,即报警装置发出声光报警信号,并阻止发动机起动。

（三）执行机构

执行机构主要包括警报灯防盗警报器信号喇叭、转向信号灯、继电器等,主要作用是接收防盗 ECU 的指令,在车辆被盗时报警和使汽车失去运动能力。

各开关、传感器、ECU、执行机构等部件在车上的安装位置,如图 9-11 所示。

二、汽车防盗系统的类型

汽车防盗系统按其结构与功能可分四大类:机械式、电子式、芯片式和网络式。

（一）机械式防盗装置

机械式防盗装置是最常见应用也最早的汽车防盗锁,主要分为转向盘锁和排挡锁两大类。转向盘锁无须安装,直接使用。排挡锁一般是安装在中控台上,锁身与车身连接,再通过锁环限制换挡手柄的移动,但需要钻孔安装。

机械式防盗装置主要起到限制车辆操作的作用,对防盗方面能够提供的帮助有限,没有报警功能,很难抵挡住铁锹、钢锯、大剪刀等重型工具的盗窃,只能拖延偷车贼作案的时间。

（二）电子式防盗装置

电子式防盗装置就是给车门锁加上电子识别,它一般具有遥控技术。电子防盗装置的主要功能是：车的开关门、振动或非法开启车门报警等，也有一些品牌的产品根据客户的需求增加了一些功能：用电子遥控器来完成发动机起动、熄火等。电子防盗系统有一个致命伤：当车主用遥控器开关车门时，匿藏在附近的盗贼可以用接收器或扫描器盗取遥控器发出的无线电波或红外线，再经过解码，就可以开启汽车的防盗系统。

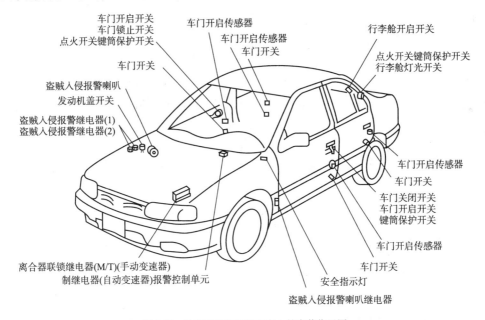

图 9-11　防盗系统各部件在车上的安装位置图

（三）芯片式防盗装置

芯片式防盗装置是汽车防盗发展的重点，目前，大多数轿车均采用这种防盗方式作为原车配置防盗装置。芯片式防盗装置的基本原理是使起动机无法工作、汽车发动机 ECU 处于非工作状态来达到防盗的目的，在没有芯片钥匙的情况下不能启动车辆。数字化的密码重码率极低，而且要用密码钥匙接触车上的密码锁才能开锁，杜绝了被扫描的可能。

（四）网络式防盗装置

网络式防盗装置大多采用卫星定位跟踪系统，目前广泛应用的是 GPS 卫星定位汽车防盗系统，网络式防盗装置除了能锁定汽车的起动或发动机控制系统达到防盗的目的外，也可以通过网络系统将报警信息和报警车辆所在位置无声地传送到报警中心。利用这个系统，还可以增加交通事故、防盗系统意外失效、抢劫等自动报警功能。

三、防盗系统基本工作原理

防止盗贼进入汽车是汽车防盗的首要问题，即进入身份的验证。车门锁是汽车防盗的第一道关口，对车门锁的要求除了要有足够的强度和操纵灵便之外，还要有钥匙真伪的识别机能。汽车防盗的第二道关口是利用发动机来防盗，不是合法钥匙（与防盗 ECU 进行过匹配的钥匙）不能起动发动机或起动之后自动熄火。要求钥匙的密码与防盗系统的密码相符合，否则不能起动。对于用非法钥匙开启车门或起动发动机，除了不能开启和起动外，同时发出警报。

因此,要增强防盗系统的功能,主要从两个方面入手,一是使中央控制门锁功能增强,二是当中央门锁功能失效时。增强其他必要的锁止功能。

(一)强化中央门锁系统功能

1. 测量开门锁钥匙的电阻值

如图 9-12 所示,该车系的每一把钥匙内部均有一定的电阻,每一辆车的中央门锁 ECU 将记住该电阻值。当防盗系统起动后,所有车门均被锁住,若盗贼使用齿形相同但电阻值不同的钥匙开启车门或起动发动机,则防盗系统判定为非法进入和起动,此时防盗 ECU 使防盗喇叭电路、灯光报警电路接通,发出声光报警信号,同时切断起动继电器控制线圈的搭铁回路,使起动机不能工作,同时控制发动机电脑,使喷油器不工作。

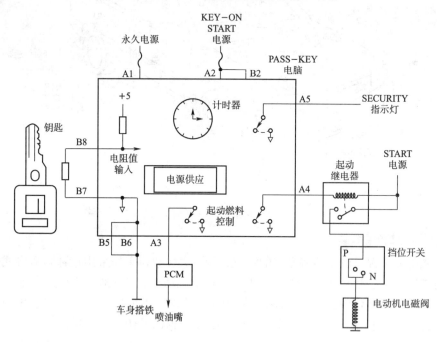

图 9-12 钥匙带电阻的防盗系统

2. 加装密码锁

车用密码锁的功能与钥匙、遥控器的作用相同,即用其中任何一种方法都可打开车门。加装密码锁后,车主就无须为保管好钥匙或遥控器以免丢失而担忧了。密码锁有 10 位键,而密码则一般取 5 位数。也就是说,密码共有 10 万种组合,而且已设定的密码也可以由车主任意改变。

3. 遥控器增加保险功能

为防止盗车人复制遥控器轻松打开车门。新型遥控器与防盗电脑配合,由固化程序设定频率,即每次车主重新锁门后,遥控器与接收器均按事先设定的程序同时改变为另一频率,使得遥控器便无法复制。

4. 意外振动警报器

为了防止车用集装箱被窃,现在有些车采用了意外振动警报装置。它的工作原理是在汽车内部加装振动传感器,若汽车受到意外移动、碰撞,使振动传感器反馈信号大于标准值时,警报喇叭、灯光一起工作,以提示车主注意。

(二)防盗控制的增强途径

1. 使起动机无法工作

防盗 ECU 控制起动继电器,从而控制起动机能否正常起动;若通过正常途经解除防盗警戒,则起动机与喇叭、灯光等都处于正常工作状态,若未解除防盗警戒而起动汽车,即使短接钥匙孔后面的起动线,也无法将发动机起动。从而起到防盗功能。

2. 使发动机无法工作

防盗 ECU 不仅控制着起动线路,同时也可切断汽油泵继电器控制线路,使发动机处于无油供给状态,另外又控制自动变速器继电器控制线路,使自动变速器液压油路控制板中的电磁阀无法打开,从而使变速器无法工作。

另外,也有某些车系同时可以切断发动机 ECU 中的某些搭铁线路,使点火系统不工作,喷油嘴电磁阀处于切断位置,从而使发动机无法工作。

3. 使发动机 ECU 处于非工作状态

前两种防盗措施都可以通过自行连接搭铁线路来实现,目前又出现一种新的防盗措施,即防盗 ECU 通过连线把某一特定频率的信号送到发动机 ECU。解除防盗警戒后,防盗 ECU 便发出该信号,这时发动机 ECU 才能正常工作,若未解除防盗警戒或直接切断防盗 ECU 电源,则该信号不存在,发动机 ECU 便停止工作,使发动机无法起动。

拓展知识

当原车钥匙遗失后,需要把剩下的钥匙重新做一次防盗匹配,把遗失的钥匙设定为非法钥匙,遗失的钥匙不能用来起动汽车。

模块三 典型汽车电子防盗系统

一、上海桑塔纳轿车防盗系统

如图 9-13 所示,上海大众桑塔纳 2000 轿车防盗系统由带转发器的钥匙、识读线圈、防盗控制器和防盗指示灯组成。

(一)防盗系统的组成

桑塔纳 2000 轿车防盗系统由带转发器的钥匙、识读线圈、防盗 ECU 和防盗指示灯组成。

1. 带转发器的钥匙

每一把钥匙中都有一只棒状转发器,转发器内含有运算芯片和一个细小的电磁线圈。在系统工作期间,识别线圈与收发线圈一起完成防盗 ECU 与转发器中运算芯片的信号及能量传递工作。在点火开关打开后,受防盗 ECU 的驱动,收发线圈在它周围建立起电磁场,受该电磁场的激励,转发器中的电磁线圈就可以提供转发器中运算芯片工作所需能量,并在运算芯片与控制器之间传递各种信号。

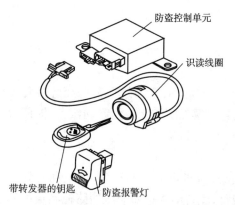

图9-13 上海大众桑塔纳2000轿车防盗系统组成图

2. 识读线圈

识读线圈也称收发线圈,安装在点火锁芯上,通过一定长度的导线与防盗控制器相连。作为防盗控制器的负载,起着防盗 ECU 与转发器之间信号及能量的传递的作用。

3. 防盗 ECU

防盗 ECU 是一个包含一个微处理器的电子控制器。只有在点火开关打开时才工作。它进行系统密码运算、比较过程,并控制整个系统的通信过程(包括与转发器的通信、与发动机 ECU 的通信),同时它还完成与诊断仪的通信工作。

(二)防盗系统基本工作原理

汽车经出厂匹配工序后,每辆桑塔纳2000轿车的防盗 ECU 就存储了本车发动机 ECU 的识别码以及3把钥匙中转发器的识别码,同时每个转发器中也存储了相应的防盗 ECU 的有关信息。当用户把钥匙插入锁孔并打开点火开关时,经过一番特定的运算后,转发器将结果反馈到防盗 ECU;防盗 ECU 将其与自己经过相同特定运算的结果相比较,如果结果相吻合,系统即认定该钥匙为合法钥匙。防盗 ECU 对发动机 ECU 也要通过特定的通信过程来完成鉴别过程。只有钥匙(转发器)、发动机 ECU 的密码都吻合时,防盗 ECU 才允许发动机 ECU 工作。

防盗 ECU 通过一根串行通信线将经过编码的工作指令传到发动机 ECU,发动机 ECU 根据防盗 ECU 的数据决定是否起动汽车。同时,诊断仪可以通过串行通信接口对系统进行故障诊断、编码等操作。在鉴别密码过程中,仪表板上的指示灯会保持点亮状态。如果有任何错误发生,发动机 ECU 将停止工作,同时指示灯以一定频率闪动。图9-14 所示为桑塔纳2000轿车系统连接示意图。

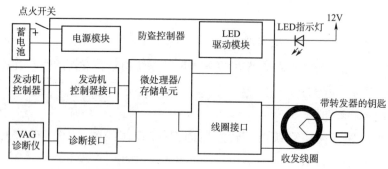

图9-14 上海大众桑塔纳2000轿车防盗系统连接示意图

二、丰田卡罗拉汽车防盗系统

丰田卡罗拉汽车防盗系统由防盗 ECU、防盗指示灯、报警喇叭、危险报警灯、车内照明灯、车内喇叭、门控灯开关、门锁位置开关、发动机舱门控灯开关、行李舱盖门控灯开关等组成。各部件在车上的安装位置,如图9-15所示。

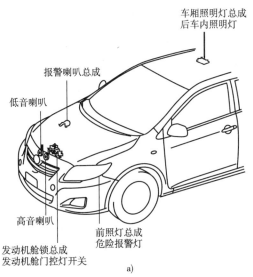

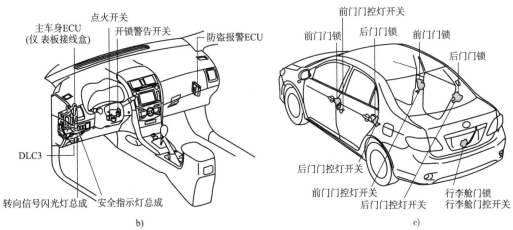

图9-15 丰田卡罗拉轿车防盗系统在车上安装位置图

(一)丰田卡罗拉轿车防盗系统的组成及功用

(1)防盗ECU。用于接收开关及主车身ECU的信号。

(2)防盗指示灯。用于告知驾驶员防盗系统的状态。

(3)报警喇叭。当防盗ECU检测到试图闯入或盗窃时,报警喇叭鸣响。

(4)危险警告灯。当防盗ECU检测到试图闯入或盗窃时,危险警告灯闪烁。

(5)车内照明灯。当防盗ECU检测到试图闯入或盗窃时,车内照明灯亮起。

(6)车辆喇叭。当防盗ECU检测到试图闯入或盗窃时,车辆喇叭鸣响。

(7)门控灯开关。用于检测车门状态(打开或关闭),并将信号传给主车身ECU。

(8)门锁位置开关。用于检测车门锁状态(锁止或解锁),并将信号传给主车身ECU。

(9)发动机舱门控灯开关。用于检测发动机舱状态(打开或关闭),并将信号传给防盗ECU。

(10)行李舱门控灯开关。用于检测行李舱门状态(打开或关闭),并将信号传给主车身ECU。

（二）丰田卡罗拉轿车防盗系统工作原理

丰田卡罗拉汽车防盗系统工作原理如图9-16所示。

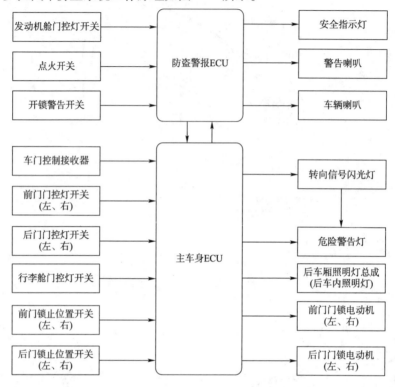

图9-16　丰田卡罗拉轿车防盗系统工作原理图

思考练习题

一、填空题

1. ECU控制的中央控制门锁系统的组成包括三个部分：_____、_____、_____。

2. 防盗器系统按其结构可分四大类：_____式、_____式、_____式和网络式。

3. 门锁控制开关包括中控_____与_____，它是将驾驶员或乘员的闭锁或开锁的信号传给中央门锁ECU。安装在_____。

4. 现代汽车中央门锁执行机构一般有_____和_____两种形式。

5. 为了防止车用集装箱被窃，现在有些车采用了意外振动警报装置。它的工作原理是在汽车内部加装_____。

二、选择题

1. 无线遥控中央门锁控制系统中的执行器有（　　）。
   A. 门锁开关　　　B. 行李舱开关　　　C. 车门锁　　　D. 汽车钥匙

2. 大多数轿车均采用（　　）作为原车配置防盗装置。
   A. 机械式防盗装置　　　　　　B. 电子式防盗装置

C. 芯片式防盗装置　　　　　　　　D. 网络式防盗装置

3. 用遥控操作锁止开关进行锁止操作 10s 后,防盗系统开始自行设定,指示灯从持续点亮模式变为闪烁模式。防盗系统进入(　　)。

   A. 解除警戒状态　　B. 警戒状态　　C. 警戒准备状态　　D. 以上答案都不对

4. 桑塔纳 2000 轿车防盗系统发射锁门信号的部件是(　　)。

   A. 防盗指示灯　　B. 识读线圈　　C. 防盗 ECU　　D. 带转发器的钥匙

5. 下面哪一种开关于用来检测汽车车门被撬的部件(　　)。

   A. 门锁位置开关　　B. 门灯控制开关　　C. 钥匙控制开关　　D. 门锁控制开关

6. 如果车门通过遥控门锁控制开锁后,在(　　)s 内没有车门打开,所有车门锁将自动再次锁止。

   A. 10　　　　B. 30　　　　C. 60　　　　D. 90

7. 大多数行李舱门开启器开关位于(　　)。

   A. 行李舱锁上　　B. 仪表板下面　　C. 仪表板上

8. 使用机械钥匙将驾驶员侧车门锁芯转至"LOCK"位置时,(　　)车门锁止。

   A. 驾驶座侧　　B. 副驾驶侧　　C. 左、右后　　D. A + B + C

9. 门控灯开关主要用于检测(　　)开闭情况。

   A. 车门锁　　B. 驾驶座侧车门　　C. 副驾驶侧车门　　D. 左、右后车门

10. 丰田卡罗拉汽车防盗系统的 ECU 安装在(　　)。

    A. 发动机舱内　　B. 仪表板右下方　　C. 行李舱中　　D. 驾驶员座位下方

三、判断题(对的打"√",错的打"×")

1. 安全指示灯的作用是告知驾驶员防盗系统的状态。　　　　　　　　　　(　　)
2. 按下发射器的行李舱开启开关可以打开行李舱门。　　　　　　　　　　(　　)
3. 汽车加装电子防盗装置时,必须先安装中控门锁。　　　　　　　　　　(　　)
4. 中央门锁的控制一定使用 ECU 进行控制。　　　　　　　　　　　　　(　　)
5. 桑塔纳 2000 轿车的钥匙要安装电池才能使用。　　　　　　　　　　　(　　)
6. 汽车的原装钥匙都是合法钥匙,都可以用它打开车门及起动发动机。　　(　　)
7. GPS 卫星定位汽车防盗系统是汽车厂家的原装防盗系统。　　　　　　(　　)
8. 门锁电动机是丰田卡罗拉轿车防盗系统的执行机构。　　　　　　　　(　　)
9. 转向盘锁装置属于电子式防盗装置。　　　　　　　　　　　　　　　(　　)
10. 桑塔纳 2000 轿车防盗系统识读线圈担负防盗 ECU 与转发器之间信号及能量的传递任务。　　　　　　　　　　　　　　　　　　　　　　　　　　　　　　(　　)

四、问答题

1. 简述中控门锁系统的功能。
2. 桑塔纳 2000 轿车防盗系统由哪些部件组成?各有何作用?试简述其工作过程。
3. 丰田卡罗拉汽车防盗系统由哪些部件组成?试简述其工作过程。

项目十　汽车巡航控制系统

知识目标

1. 掌握巡航系统的作用、分类及基本原理；
2. 会叙述巡航系统的组成及各组件的作用，基本工作原理。

能力目标

1. 会正确使用巡航控制系统；
2. 在实车上能正确指出巡航系统各组件的安装位置。

模块一　汽车巡航控制系统概述

一、巡航系统的作用

巡航控制系统（Cruise Control System，简称 CCS）又称为恒速行驶系统，是一种利用电子控制技术保持汽车自动等速行驶的系统。其主要作用是可以按照驾驶者的需求进行车辆时速的锁定，不用踩加速踏板就可自动保持一个固定时速行驶，当行驶在高速公路时，驾驶员可有效地减轻身体疲劳，而车辆匀速行驶下还能节省燃油消耗。

由于巡航控制系统能够使汽车自动地以恒速行驶，避免了驾驶员操纵加速踏板使汽车行驶车速反复变化的情况，使发动机的运行工况变化平稳，改善了汽车的燃料经济性和发动机的排放性能。

另外，由于巡航控制系统工作时汽车恒速行驶，当汽车巡航行驶时可以改善汽车的行驶平顺性，提高汽车的舒适性。

二、巡航系统的基本原理

巡航控制系统的工作原理，简单地说就是由巡航控制组件读取车速传感器发来的脉冲信号与设定的速度进行比较，从而发出指令由相关伺服器控制发动机和变速器，以使车辆始终保持所设定的速度，如图 10-1 所示。

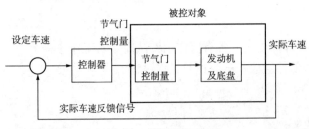

图 10-1　巡航控制原理图

三、巡航系统的分类

（1）机械拉索式巡航控制系统，

适用于节气门控制方式采用机械拉索式控制的车辆。

(2)电子式巡航控制系统,适用于节气门控制方式采用电子式控制的车辆。

(3)电子智能式多功能定速巡航系统,适用于节气门控制方式采用电子式控制的车辆。

模块二　机械拉索式汽车巡航控制系统

机械拉索式巡航控制系统由巡航控制开关、传感器、巡航控制 ECU、执行器等组成。

一、巡航控制开关

巡航控制开关一般采用手柄式开关,安装于转向盘下方,如图 10-2 所示。也有采用按键式的开关,装在转向盘上。

以丰田车系为例,巡航控制开关包括主开关(MAIN)、设定/减速开关(SET/COAST)、恢复/加速开关(RES/ACC)和取消(CANCEL)开关。

(一)主开关

主开关(MAIN)是巡航控制系统的主电源开关,位于巡航控制开关的端部,为按键式开关。

按下主开关,电源接通;再按一次主开关,电源断开。当主开关接通时,如果将点火开关关闭,主开关也关闭。当再次接通点火开关时,巡航主开关并不接通,而保持关闭。

(二)控制开关

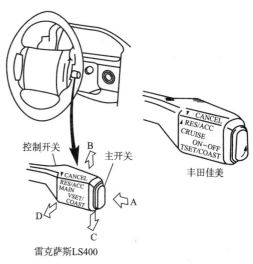

图 10-2　巡航控制开关

手柄式巡航控制开关一般由设定/减速(SET/COAST)开关、恢复/加速(RES/ACC)开关和取消开关组成。

该开关为自动复位型。当向下推控制开关时(图 10-1 所示的方向 C),设定/减速开关接通,放松控制开关时,开关自动回到原始位置;当向上推控制开关时(图 10-1 所示的方向 B),恢复/加速开关接通;当向后拉控制开关时,取消开关接通(图 10-1 所示的方向 D)。

(三)退出巡航控制开关(CANCEL)

退出巡航控制开关是指开关接通后能使巡航系统自动退出工作的开关。退出巡航控制开关除取消开关外,还包括制动灯开关、驻车制动开关、离合器开关(手动变速器)和空挡起动开关(自动变速器)。

其中任一开关接通时,巡航控制将被自动取消。但当 CCS 取消瞬间的车速不低于巡航控制系统的速度下限时(例如丰田车为 40km/h),此车速存储于巡航 ECU 中。当接通 RES

开关时,最后存储的车速自动恢复。

1. 制动灯开关

制动灯开关由常闭和常开两对触点组成,当踏下制动踏板时,一方面常开触点闭合,将制动信号输入巡航控制 ECU,巡航控制 ECU 取消巡航控制系统的控制,巡航系统停止工作。另一方面常闭触点打开,直接切断巡航控制 ECU 对巡航控制执行器的控制电路,确保巡航系统停止工作。

2. 驻车制动开关

当使用驻车制动器时,驻车制动器开关接通,将驻车制动信号送至巡航控制 ECU,巡航控制 ECU 将取消巡航系统的工作。

3. 离合器开关(手动变速器)

对于装有手动变速器的汽车,当踏下离合器踏板时,离合器开关接通,将取消信号送至巡航控制 ECU,巡航控制 ECU 将取消巡航控制系统的工作。

4. 空挡起动开关(自动变速器)

对于装有自动变速器的汽车,当将变速杆移至 N(空挡)位时,空挡起动开关接通,将取消信号送至巡航控制 ECU,巡航控制 ECU 将取消巡航控制系统的工作。

二、传感器

(一)车速传感器

车速传感器的类型有电磁式、霍尔式、光电式、舌簧开关式等。车速传感器信号可同时用于发动机控制、自动变速器控制和巡航控制等。对于巡航控制系统而言,车速传感器信号的作用是巡航控制 ECU 用于巡航车速的设定及将实际车速与设定车速进行比较,以便实现等速控制。

(二)节气门位置传感器

节气门位置传感器一般为线性输出型。节气门位置传感器信号可同时用于发动机控制、自动变速器控制和巡航控制等。对于巡航控制系统而言,节气门位置传感器信号的作用是巡航控制 ECU 用于计算输出与节气门开度的关系,以确定输出量的大小。

(三)节气门控制摇臂传感器

节气门控制摇臂传感器可对巡航控制 ECU 提供节气门摇臂位置信号。节气门摇臂位置传感器为电位计式,该信号的作用是巡航控制 ECU 根据节气门摇臂位置信号对节气门进行控制。

三、巡航控制 ECU

巡航控制 ECU 接收来自巡航控制开关、车速传感器信号和其他的开关信号,按照存储的程序给执行器发出指令,对巡航系统进行控制。

四、执行器

巡航控制系统的执行器由 ECU 控制,根据 ECU 的控制信号控制节气门的开度,以保持车速恒定。

巡航控制系统执行器有真空驱动型和电动机驱动型两种。

五、巡航系统的基本功能

1. 记忆设定车速功能

当主开关接通,车辆在巡航控制车速范围内(一般为40~200km/h)行驶时,操作设定/减速(SET/COAST)开关可以设定巡航车速。ECU 将设定的车速存储在存储器内,并将按设定车速控制汽车等速行驶。

2. 等速控制功能

ECU 将实际车速与设定车速进行比较,确定节气门是否应该开大或关小,并根据实际车速与设定车速的差值,计算出节气门开大或关小的量,然后对执行器进行控制,保证汽车按设定车速等速行驶。

3. 设定车速调整功能

当汽车以巡航控制模式行驶时,如果需要使设定车速提高或降低,则只要操作恢复/加速或设定/减速开关,就可以使设定车速改变,巡航控制 ECU 将记忆改变后的设定车速,并按新的设定车速进行巡航行驶。

4. 取消和恢复功能

当汽车以巡航控制模式行驶时,如果接通取消开关或接通任何一个其他的退出巡航控制开关,巡航控制 ECU 将控制执行器使巡航控制取消。

取消巡航控制以后,要想重新按巡航控制模式行驶,只要操作恢复/加速开关,巡航控制 ECU 即可恢复原来的巡航控制行驶。

5. 车速下限控制功能

车速下限是巡航控制所能设定的最低车速。不同的车型稍有不同,一般为40km/h。车速低于40km/h 时,巡航车速不能被设定,巡航系统不能工作。当巡航行驶时,如果车速降至40km/h 以下,则巡航控制将自动取消,且巡航 ECU 存储器内存储的设定车速将被清除。

6. 车速上限控制功能

车速上限是巡航控制所能设定的最高车速,一般为200km/h。车速超过该数值,巡航控制车速不能被设定。汽车在巡航控制模式行驶时,如果操作加速开关,车速也不能加速至200km/h 以上。

7. 安全电磁离合器控制功能

当汽车以巡航控制模式行驶时,如果因为下坡汽车车速高于设定车速15km/h,则巡航控制 ECU 将切断巡航控制系统的安全电磁离合器使车速降低。当车速降低至比设定车速高出不足10km/h 时,安全电磁离合器再次接通,恢复巡航控制。

8. 自动取消功能

当汽车以巡航控制模式行驶时,若出现执行器驱动电流过大,伺服电动机始终朝节气门打开的方向旋转时,则巡航控制 ECU 存储器内存储的设定车速将被清除,巡航控制模式将被取消,主开关同时关闭。此外,当巡航控制 ECU 诊断出系统有故障时,将会使巡航系统自动停止工作。

9. 自动变速器控制功能

当具有自动变速器的汽车以巡航控制模式行驶时,如果上坡时变速器在超速挡,车速降至比设定车速低 4km/h 以上时,巡航控制 ECU 将超速挡取消信号送至自动变速器 ECU,取消自动变速器超速挡。

当车速升至比设定车速低 2km/h 时,巡航控制 ECU 将超速挡恢复信号送至自动变速器 ECU,恢复自动变速器超速挡。

10. 诊断功能

如果巡航控制系统发生故障,巡航控制 ECU 的自诊断系统能够诊断出故障,并使仪表板上的巡航指示灯闪烁,以便提醒驾驶员。同时,巡航控制 ECU 将故障码存储在存储器内,通过巡航控制指示灯的闪烁或使用故障诊断仪可以读取故障码。

模块三 电子式汽车巡航控制系统

由于汽车技术的发展,越来越多的拉线式节气门控制方式快速地被电子式节气门控制方式所代替。电子式巡航系统摒弃了拉索式定速巡航器的机械控制部分,完全采用精准电子控制,使控制更精确,避免了机械故障的风险。电子式巡航控制系统目前广泛应用于使用电子节气门的车辆上。

图 10-3 所示是一种典型的电子式巡航控制系统原理图。控制器的输入是以下两个车速信号的差:一个是驾驶员按要求的车速设定的车速信号;另一个是实际车速的反馈信号。ECU 将这两种信号进行比较,得出误差信号,经放大、处理后成为节气门控制信号,送至节气门执行器,驱动节气门执行器工作,调节发动机节气门开度,以修正实际车速,从而将实际车速很快调整到驾驶员设定的车速,并保持恒定。

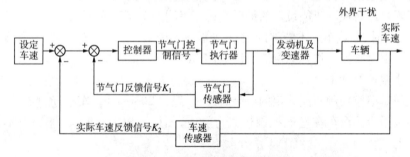

图 10-3 电子式巡航控制系统原理图

一、大众宝来汽车巡航控制系统

(一)系统概述

由于大众宝来的多款发动机都采用了电子节气门技术,使得发动机的进气量不直接由加速踏板来控制,而是由电控单元采集分析诸多信号(如加速踏板位置信号、发动机转速信号等)后通过控制节气门开度来精确控制。

对于装备自动变速器的宝来,系统通过调整发动机转速(控制节气门开度、喷油时间、点火提前角等)及变换变速器工作挡位实现按设定车速行驶。对于装备手动变速器的宝来,巡航控制系统将在相应挡位下根据行车阻力自动增减节气门开度,使汽车行驶速度保持一定。

(二)巡航系统操作方法

图 10-4 所示为大众宝来汽车的巡航控制开关。当车速高于 30km/h 时,巡航系统才起作用。用巡航控制开关上的滑动开关及按钮即可操纵该系统。

1. 起动车速巡航系统

将滑动开关置于"ON"位置即可接通车速控制系统。

2. 设定巡航车速

系统起动后,轿车达到所需车速时,按一下"SET"按钮,即可使轿车以此车速持续行驶。

图 10-4 大众宝来汽车的巡航控制开关

设定巡航车速后,仍可按常规方法用加速踏板进行加速,松开加速踏板后,系统便将车速恢复至设定的巡航车速。但若加速后,车速超过巡航车速 10km/h 以上,并以此车速持续行驶 5min 以上,则必须重新设定巡航车速。

3. 降低巡航车速

按"SET"按钮,车速降低 1.5km/h;若按住该按钮,轿车将持续降低车速,一旦松开按钮,当时的行驶速度被储存在存储器内。

若在车速低于 30km/h 时松开"SET"按钮,则存储值即被删除。必要时,可用"SET"按钮,在车速超过 30km/h 时重新设定巡航车速。

4. 提高巡航车速

无须踩加速踏板,按"RES"即可提高设定的巡航车速。每按一次开关"RES",车速提高 1.5km/h,若按住开关,则轿车将持续提高车速,一旦松开开关"RES",当时的行驶速度被储存在存储器内。

5. 暂时关闭巡航控制系统

(1)手动变速器。踩下制动踏板或离合器踏板,或将滑动开关拨至"OFF"位置,即可暂时关闭系统;

(2)自动变速器。踩制动踏板或将换挡杆置于"P"、"R"、"N"、"1"位置即可暂时关闭系统。此时设定的巡航车速仍储存在存储器内。

若需要恢复设定的巡航车速,松开制动踏板或离合器踏板,重新按"RES"即可。

6. 安全关闭巡航控制系统

将滑动开关拨至"OFF"位置,或轿车处于静止状态时关闭点火开关,则巡航系统所存储的值被清除,系统被完全关闭。

若想再次起动巡航系统,在车速高于 30km/h 的情况下,将巡航开关置于"ON"位置,并重新设定巡航车速。

7. 使用注意事项

(1)在车辆密集的道路上或劣质路面上(例如湿滑路面、松散的砂石路面或暴雨后的路面)行驶时,切勿使用巡航控制系统。

(2)系统打开后,车速高于 40km/h,切勿不踩离合踏板,即将变速杆移入空挡,否则,可能使发动机超速运转,导致损坏。

(3)若与当时的交通状况相比,设定的巡航车速过高,则切不可恢复设定车速。

(4)行驶中,在下坡时巡航装置不能保持速度的恒定,因为重力会使车速不断增加,这时需要人为制动。

 重要提示

自动变速器车上的巡航装置只有当换挡杆处于"D"、"3"、"2"挡时才能被激活。当将换挡杆移到"P"、"N"、"R"、"1"挡时,系统停止工作。

二、丰田卡罗拉汽车巡航系统

(一)丰田卡罗拉汽车巡航系统的组成与作用

(1)轮速传感器。检测每个车轮的转速并通过组合仪表将数据输入至ECU。

(2)节气门位置传感器。检测节气门开度的情况,并将此数据输入至ECU。

(3)节气门控制电动机。接收ECU的输出信号对发动机运行情况进行控制。

(4)ECM。根据来自各传感器及开关的信号,判定车辆行驶的速度,控制节气门电动机。

(5)驻车挡/空挡位置开关(AT)。将自动变速器当前挡位的情况转为电压信号输入至ECU。

(6)离合器开关(MT)。将离合器当前情况转为电压信号输入至ECU。

(7)制动灯开关。将制动灯开关当前的情况转为电压信号输入至ECU。

(8)CRUISE主指示灯。通过CRUISE主指示灯显示系统运行的情况。

(9)加速踏板位置传感器。检测加速踏板位置的情况,并将此数据输入至ECU。

(10)巡航控制开关。受驾驶员的控制将巡航控制开关信号输入至ECU。

(二)丰田卡罗拉汽车巡航系统各零件在汽车上的安装位置

丰田卡罗拉汽车巡航系统各零件在汽车上的安装位置,如图10-5所示。

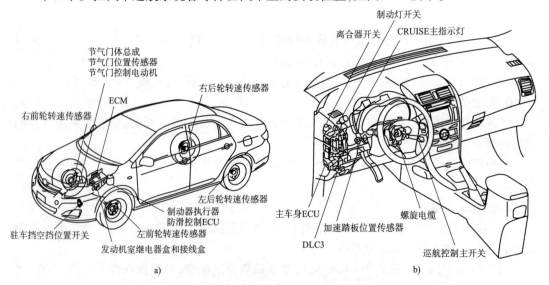

图10-5 巡航系统各零件在汽车上的安装位置

(三)丰田卡罗拉汽车巡航系统操作

巡航控制开关如图10-6所示,共有以下7个功能:SET(设置)、-(滑行)、逐级减速、RES(恢复)、+(加速)、逐级加速和 CANCEL。SET、逐级减速和-(滑行)功能共用一个开关,RES(恢复)、逐级加速和+(加速)功能共用一个开关。巡航控制主开关是自动复位型开关,仅在按箭头方向操作时才打开,松开后开关关闭。

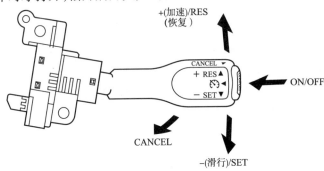

图10-6 巡航控制开关

1. 设定控制

在巡航控制主开关处于 ON 位置(CRUISE 主指示灯亮起)且车速在设置速度范围内(速度下限和速度上限之间)时,将主开关推向-(COAST)/SET,车速将被存储并保持恒速控制。

2. -(滑行)控制

在巡航控制系统工作期间,将巡航控制主开关设置并保持在-(滑行)/SET 位置时,ECM 将"节气门开度为0"的指令信号发送至巡航控制系统。当巡航控制主开关松开时,存储且保持车速。

 重要提示

由于怠速控制等原因,节气门开度是不可能真为0的。

3. 逐级减速控制

在巡航控制系统工作期间,每将巡航控制主开关按至-(滑行)/SET(约0.6s)一次,则存储车速相应下降约1.6km/h。当巡航控制主开关从-(滑行)/SET 松开且行驶车速和存储车速之差超过5km/h 时,行驶车速被存储并保持恒速控制。

4. 加速控制

在巡航控制系统工作期间,按住巡航控制主开关上的+(加速)/RES(恢复),ECM 指令节气门体总成的节气门电动机打开节气门。巡航控制主开关从+(加速)/RES(恢复)松开时,存储车速并恒速控制车辆。

5. 逐级加速控制

在巡航控制系统工作期间,每将巡航控制主开关按至+(加速)/RES(恢复)(约0.6s)一次,则存储车速相应增加约1.6km/h。然而,当行驶车速和存储车速相差5km/h以上时,存储车速不会改变。

6. 恢复控制

如果行驶速度在限制范围内时用制动灯开关、CANCEL 开关或低速限制开关取消巡航控制操作,则将巡航控制主开关推至+(加速)/RES(恢复)可恢复取消时存储的车速并保持恒速控制。

7. 手动取消控制

巡航控制系统工作时,执行下述任何一种操作将取消巡航控制系统(仍保持ECM中储存的车速)。

(1)踩下制动踏板。

(2)踩下离合器踏板(M/T)。

(3)换挡杆从D位置或3位置换到N位置、2位置或1位置(A/T)。

(4)将巡航控制主开关拉回CANCEL。

(5)关闭巡航控制主开关(不保持ECM中的存储车速)。

 思考练习题

一、填空题

1. 丰田卡罗拉汽车巡航控制开关"ON-OFF"的作用是_____;"-/SET"的作用是_____;"+/RES"的作用是_____;"CANCEL"的作用是_____。

2. 巡航系统可分为_____、_____和_____三种类型。

3. 机械拉索式巡航控制系统由巡航_____、_____、巡航控制ECU、_____等组成。

4. 大众宝来自动变速器车上的巡航装置只有当换挡杆处于_____、_____、_____挡时才能被激活。当将换挡杆移到_____、_____、_____、_____挡时,系统停止工作。

5. 大众宝来汽车的车速高于_____km/h时,巡航系统才起作用。

二、选择题

1. 定速巡航功能主要是通过巡航控制组件读取(　　)发来的脉冲信号与设定的速度进行比较,通过精准的电子计算发出指令,保证车辆在设定速度下的最精准供油量。

　　A. 车速传感器　　　　　　B. 节气门位置传感器

　　C. 水温传感器　　　　　　D. 凸轮轴位置传感器

2. 踩下(　　)踏板ECM不会取消巡航控制系统。

　　A. 离合器　　B. 制动　　C. 加速　　D. 以上三个答案都不对

3. 巡航控制系统的简称是(　　)。

　　A. ABS　　B. EPS　　C. CCS　　D. ESP

4. 下面哪一个是机械式巡航系统的执行器?(　　)

　　A. 车速传感器　　　　　　B. 电动机

　　C. 节气门位置传感器　　　D. 巡航控制指示灯

5. 巡航控制开关一般采用手柄式开关,安装于(　　)。

　　A. 转向盘下方　　　　　　B. 仪表板上

　　C. 驾驶员侧车门扶手上　　D. 变速器操纵杆后方

三、判断题(对的打"√",错的打"×")

1. 若巡航系统指示灯常灭则说明系统正常。( )
2. 巡航主开关一旦接通,即设定了巡航速度。( )
3. 汽车使用巡航系统后,驾驶员可以不控制加速踏板。( )
4. 为了降低驾驶员的城市道路上行驶疲劳程度,在城市道路上行驶的车辆,应尽量使用巡航系统。( )
5. 电子式巡航系统的执行器是节气门位置传感器。( )

四、问答题

1. 简述电子式巡航控制系统的工作原理。
2. 退出巡航工作的操作方法有哪些?
3. 巡航系统的使用有哪些条件限制?

项目十一　汽车底盘电控系统

知识目标

1. 掌握制动防抱死系统、驱动防滑控制系统、电子稳定程序控制系统、电控动力转向系统、电子控制悬架系统的作用与基本组成；

2. 理解制动防抱死系统、驱动防滑控制系统、电子稳定程序控制系统、电控动力转向系统、电子控制悬架系统的工作原理。

能力目标

1. 能正确指出制动防抱死系统、驱动防滑控制系统、电子稳定程序控制系统、电控动力转向系统、电子控制悬架系统在实车上的安装位置；

2. 会判断制动防抱死系统、驱动防滑控制系统、电子稳定程序控制系统、电控动力转向系统、电子控制悬架系统的工作是否正常。

模块一　汽车制动防抱死系统

防抱死制动系统的英文名称是 Anti-lock Brake System，简称 ABS。它是汽车上的一种主动安全装置，其作用是在汽车制动时，防止车轮抱死在路面上滑拖，以提高汽车制动过程中的方向稳定性、转向控制能力和缩短制动距离，使汽车制动更为安全有效。

一、基础知识

(一) 汽车制动性

制动性能是汽车的主要性能之一。评价制动性能的指标主要有制动效能和制动稳定性。

1. 制动效能

制动效能，即制动距离、制动时间和制动减速度。由汽车理论可知，制动效能主要取决于制动力的大小和车轮与地面的纵向附着力的制约。

2. 制动稳定性

制动时汽车的方向稳定性是指汽车在制动时仍能按指定方向的轨迹行驶，即不发生跑偏、侧滑以及失去转向能力。汽车制动时的方向稳定性主要受车轮和地面的横向附着力制约。

(二) 滑移率

滑移率是指车轮在制动过程中车速与轮速之差与车速的比值，用百分比来表示。当车轮为纯滚动时,汽车的实际车速与车轮滚动时的圆周速度相等,滑移率为0;当车轮边滚动边滑动,滑移率在 0~100%;当车轮处于抱死状态,而车身又具有一定速度时,则滑移率为100%。

汽车在制动时,如果车轮抱死会使制动距离变长,方向稳定性变差,失去转向控制能力,因此,制动时应避免车轮抱死。实践证明,汽车制动时,如果将车轮的滑移率 S 控制在 10%~30%,此时纵向附着系数最大,可获得最大地面制动力,能最大限度地缩短制动距离,同时使汽车制动时能较好地保持方向稳定性和转向控制能力。

即使在非常恶劣的路面条件下,也能够保证车辆在制动时方向的稳定性、转向操纵能力、获得较短的制动距离、无须点制动。

二、ABS 的功用

由上述可知,如果在汽车制动过程中,将滑移率控制在一定的范围内,汽车将处于最佳制动状态。防抱死制动系统就是通过对作用于制动轮缸内制动液压力进行自动控制,从而控制制动车轮上的制动力,使车轮尽可能保持在最佳的滑移率范围内运动,且使汽车的实际制动过程接近于最佳制动过程。可以缩短制动距离,延长轮胎的使用寿命和提高汽车制动时安全稳定性。

三、制动防抱死系统的组成及工作原理

ABS 系统主要由轮速传感器、ABS ECU、制动压力调节器及故障警告灯等组成,如图 11-1 所示。各组成部件的安装位置,如图 11-2 所示。

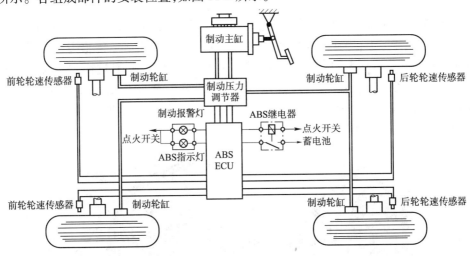

图 11-1　ABS 系统组成图

(一)轮速传感器

轮速传感器的功用是检测车轮的旋转速度,并将速度信号输入 ABS ECU。目前,常用的轮速传感器主要有电磁式和霍尔式两种。

1. 电磁式轮速传感器

电磁式轮速传感器主要由传感头和齿圈两部分组成,如图 11-3 所示。

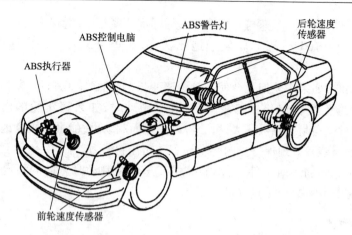

图 11-2　ABS 在车上的安装位置图

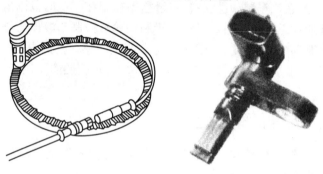

图 11-3　轮速传感器外形

　　齿圈随车轮或传动轴一起转动。传感头是静止部件，对应安装在靠近齿圈而又不随齿圈转动的车轮的托架上，通常由永久磁铁、电磁线圈和磁极等组成。传感头与齿圈之间的空气间隙很小，通常只有 0.5~1mm。此传感器一定要安装牢固，只有这样才能保证汽车在制动过程中的振动不会干扰或影响传感器信号，实现正确无误的传输。为了避免灰尘与飞溅的水、泥土等对传感器工作的影响，安装前可在传感器上涂覆防锈油。图 11-4 所示为轮速传感器的安装位置。

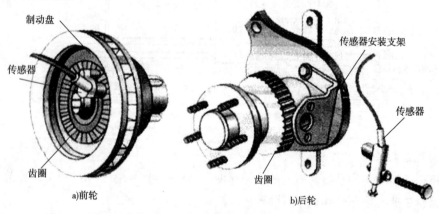

图 11-4　轮速传感器的安装位置

当传感头相对齿圈运动时,在传感器线圈就感应出交变电压信号,此即车轮转速信号。车轮转速信号的频率与齿圈的齿数和转速成正比,根据传感器感应出的交流电的频率,ECU就能计算出车轮的转速。

2. 霍尔式轮速传感器

霍尔式轮速传感器也是由传感头和齿圈组成,如图 11-5 所示。霍尔式轮速传感器是利用霍尔效应原理来产生与车轮转速相对应的电压脉冲信号的。霍尔式轮速传感器克服了电磁式传感器的缺点,其输出信号电压幅值不受转速的影响,频率响应高,抗电磁波干扰能力强,因此,霍尔轮速传感器在 ABS 中应用越来越广泛。

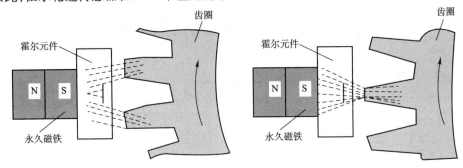

图 11-5 霍尔式轮速传感器

(二)制动压力调节器

制动压力调节器是 ABS 系统中最主要的执行器,一般都设在制动主缸与车轮制动轮缸之间,其主要任务是根据 ABS ECU 的控制指令,通过电磁阀的动作自动调节制动轮缸的制动压力,防止车轮抱死,并使制动过程处于理想滑移率的状态。

电磁阀是制动压力调节器的主要部件,通过电磁阀动作便可控制制动压力"升高"、"保持"、"降低"。ABS 使用的电磁阀有两位两通电磁阀和三位三通电磁阀,二位二通电磁阀式压力调节器目前应用最广泛,下面以大众的 MK20-I 型 ABS 的制动压力调节器为例说明其工作原理。

1. 基本组成

如图 11-6 所示,制动压力调节器的基本组成包括电磁阀、电动液压泵及储液器。储液器与电动液压泵全为一体装于液控单元上,液控单元内包括 8 个电磁阀,每个回路一对,其中一个是常开电磁阀,一个是常闭电磁阀。

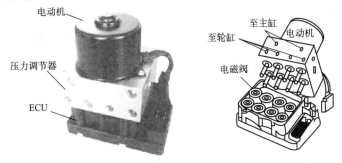

图 11-6 制动压力调节器的结构

2. 工作原理

MK20-I ABS 液压控制系统图,如图 11-7 所示。

下面以一个车轮为例介绍 ABS 工作时制动压力的调节过程。

(1) 常规制动过程。常规制动过程如图 11-8 所示,踩下制动踏板,ABS 尚未工作时,两电磁阀均不通电,常开阀处于开启状态,常闭阀处于关闭状态,制动轮缸与储液器隔离,与主缸相通。制动主缸里的制动液被推入轮缸产生制动。

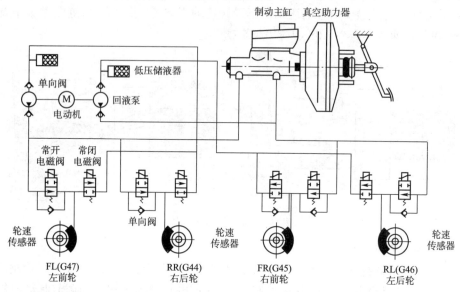

图 11-7　MK20-I 型 ABS 液压控制系统原理图

(2) 保压过程。随着制动压力的增加,车轮被制动和减速,当 ABS ECU 通过轮速传感器检测到车轮的减速度达到设定值时,ABS ECU 便向液控单元发出"保持压力"的指令,使常开电磁阀通电关闭,常闭电磁阀仍处于断电关闭状态。制动液通往轮缸的通道被切断,轮缸里的制动液处于不流通状态,制动压力保持不变,如图 11-9 所示。

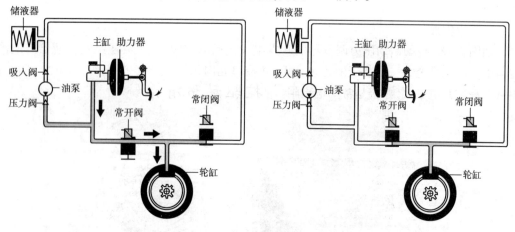

图 11-8　常规制动过程　　　　　图 11-9　保压过程

(3) 减压过程。如图 11-10 所示,当 ABS ECU 通过轮速传感器检测到车轮趋于抱死时,则向液控单元发出"减小压力"的指令,给常开电磁阀通电关闭,常闭电磁阀通电开启,轮缸里的制动液流入储液器,制动压力减小,车轮转速上升。同时,电动回油泵通电运转及时将制动液泵回到主缸,此时,踏板有回弹感。

(4)增压过程。当 ABS ECU 通过轮速传感器检测到车轮的加速度达到设定值时,便向液控单元发出"增加压力"的指令,使常开阀、常闭阀均断电,常开阀开启,常闭阀关闭,制动液在泵电机和制动踏板力的作用下又进入轮缸,轮缸制动压力上升,车轮转速又下降。如图 11-11 所示。

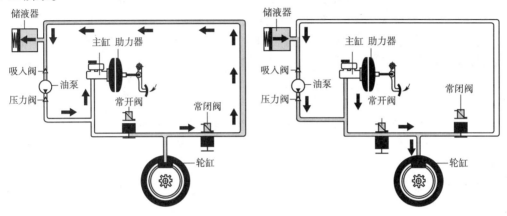

图 11-10 减压过程　　　　图 11-11 增压过程

(三)电子控制单元(ECU)

ABS 电子控制单元是 ABS 系统的控制中心,电子控制单元的主要任务是连续监测和接收各个轮速传感器送来的脉冲信号,分析各个车轮的制动情况,向制动压力调节器发出控制指令,控制制动分泵油路上电磁阀的通断和 ABS 液压泵的工作来调节制动压力,防止车轮抱死。

(四)ABS 故障警告灯

在仪表内装有 ABS 故障警告灯。当点火开关打开时,ABS 系统开始自检,ABS 故障警告灯正常点亮约 3s 后熄灭。如果灯不亮,说明故障警告灯本身或线路有故障;如果故障警告灯常亮,说明 ABS 系统出故障。

模块二　汽车电控驱动防滑系统

驱动防滑控制系统的英文名称是 Acceleration Slip Regulation,简称 ASR。也称牵引力控制系统(Traction Control System,TCS 或 TRC),是继防抱死制动系统之后应用于车轮防滑的电子控制系统。

一、ASR 的功用

(一)ASR 的功用

驱动防滑控制系统的功用是防止汽车在起步、加速和在滑溜路面行驶过程中驱动轮打滑,特别是防止汽车在非对称路面或转向时驱动轮的滑转,以保持汽车行驶方向的操纵稳定性和维持汽车的最佳驱动力以及提高汽车的平顺性。

(二) 滑转率

汽车在驱动过程中,驱动车轮可能相对于路面发生滑转,滑转成分在车轮纵向运动中所占的比例(以百分比表示)称为驱动车轮的滑转率。

当车轮在路面上纯滚动时,滑转率为0;当车轮在路面上完全滑转(即汽车原地不动,而驱动轮转动)时,滑转率为100%;当车轮在路面上边滚动边滑转时,滑转率在0~100%。

当滑转率在15%~30%时,车轮具有最大的附着系数。因此,ASR可以通过控制驱动车轮与路面之间的滑转率来控制其与路面间的附着系数,来实现汽车在行驶过程中的防滑控制,以保持汽车行驶过程中的操纵稳定性和最佳的驱动性能。

二、ASR与ABS的区别

(1) ABS是防止制动时车轮抱死滑移,主要是用来提高制动效果,确保制动安全;ASR则是防止驱动车轮滑转,主要是用来提高汽车起步、加速及滑溜路面行驶时的牵引力,提高行驶性能,确保行驶稳定性。

(2) 在控制其滑转率的过程中,ABS对前后车轮都起作用,而ASR只对驱动车轮起控制作用。

(3) ABS是在制动时工作,在车轮出现抱死趋势时起作用,在车速很低(小于8km/h)时不起作用;ASR则是在整个行驶过程中都工作,在车轮出现滑转时起作用,当车速很高(80~120km/h)时不起作用。

三、ASR的主要控制方式

ASR系统的控制目标参数是驱动轮滑转率,主要的控制方式有以下几种。

1. 控制发动机的输出转矩

通过调节发动机的输出转矩来调节驱动轮的驱动力,这种控制方法能够保证发动机输出转矩与地面提供的驱动转矩达到匹配,因此,可以改善燃油经济性,减少轮胎磨损,使汽车具有良好的行驶稳定性和乘坐舒适性。对于前轮驱动汽车,能够得到良好的转向操纵性。在装备电子控制燃油喷射系统EFI的汽车上,普遍采用了控制发动机输出转矩的方法来实现防滑转调节。

2. 控制驱动轮的制动力

控制驱动轮的制动力的方式是对发生滑转的驱动轮直接施加制动力。该方式反应时间最短,是防止驱动轮滑转的最迅速的一种控制方式,但为了制动过程平稳,出于舒适性考虑,其制动力应缓慢升高。该控制方式一般都作为调整进气量(如调整节气门开度)、改变发动机输出转矩方式的补充。

3. 控制差速器的锁止程度

这是一种电子控制可变锁止差速器,也称为限滑差速器(LSD)控制。锁止方式可以使锁止程度逐渐变化,锁止范围可以从0变化到100%,即从基本锁止到完全锁止。

电子控制的差速器,可以把左右驱动轮的滑转率之差控制在允许的范围之内。当汽车起步时调节差速器的锁止程度,能使驱动力充分发挥,提高车速与行驶稳定性;当左右驱动轮在不同的附着系数路面上以及弯道上行驶时,能提高汽车稳定行驶能力。

4.控制发动机与驱动轮之间的转矩

这种控制方法包括对离合器和变速器等进行控制,实用中多是通过控制变速器的换挡特性改变传动比来实现。

上述四种控制方式中,前两种采用较多。这些控制方式可以被单独使用,但目前实车上采用组合使用的方式较为普遍。

四、ASR的组成及工作原理

ASR系统组成,如图11-12所示。该系统是在ABS基础上增设了一些ASR的装置,主要由ASR执行器,步进电机控制的发动机副节气门装置以及ASR控制开关及指示灯等组成。

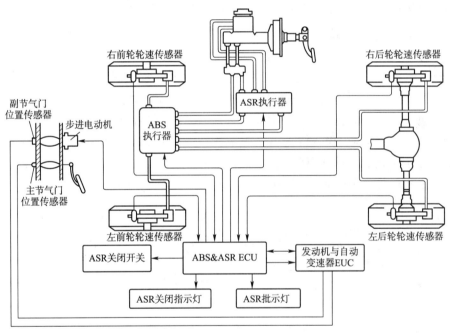

图11-12 ABS/ASR系统示意图

防滑控制系统(ABS/ASR)ECU根据轮速传感器产生的车轮转速信号确定驱动车轮的滑转率,并与ECU里存储的设定范围值进行比较,若超过此值便发出指令控制副节气门的步进电机转动,减小节气门开度,此时,即使主节气门的开度不变,发动机的进气量也会因副节气门的开度减小而减小,从而发动机的输出转矩、驱动车轮的驱动力也会随之下降。如果驱动车轮的滑转率仍未降到设定范围值内,防滑控制系统(ABS/ASR)ECU又会控制ASR执行器,对驱动车轮施加一定的制动力,进一步控制驱动车轮的滑转率,使之符合要求,以达到防止车轮滑转的目的。在ASR处于防滑控制中,只要驾驶员一踩下制动踏板,ASR便会自动退出控制而不影响制动过程。

(一)传感器

ASR系统的传感器主要是轮速传感器和节气门开度传感器。轮速传感器与ABS系统共享,而节气门开度传感器则与发动机电子控制系统共享。

ASR专用的信号输入装置是ASR关闭开关,将ASR开关打开,ASR系统就不起作用。例如,在需要将汽车驱动车轮悬空转动来检查汽车传动系统或其他系统故障时,ASR系统就可以对驱动车轮施以制动,影响故障的检查。这时,关闭ASR开关,中止ASR系统的作用,就可以避免这种影响。

(二)电子控制单元(ECU)

为减少电子器件的应用数量,使结构紧凑,电子控制单元与ABS电子控制单元通常组合在一起。ABS/ASR电子控制单元的作用是根据前后轮速传感器信号和节气门位置信号判断车辆行驶状况,如果驱动轮滑转率超出控制范围,则发出指令,使执行器动作且将驱动轮滑转率控制在规定范围内。此外,还对故障进行报警和故障码进行存储和显示。

(三)执行器

1. ASR制动压力调节器

ASR的主要执行器是ASR制动压力调节器,其功能是执行ASR ECU的指令对滑转车轮施加制动力和控制制动力的大小,以使滑转车轮的滑转率控制在目标范围之内。ASR制动压力源是蓄压器,通过电磁阀来调节驱动车轮制动压力的大小。

ASR制动压力调节器的结构有单独方式(ASR、ABS两者的压力调节器在结构上各自分开)和组合方式(ASR与ABS两者的压力调节器合为一体)两种。目前的汽车上普遍使用组合方式的压力调节器,下面介绍此种制动压力调节器的工作原理。

组合方式的ABS/ASR制动压力调节器原理,如图11-13所示。

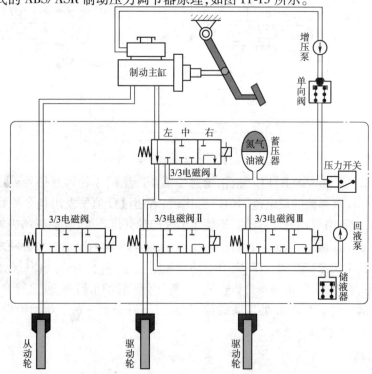

图11-13 ABS/ASR组合制动压力调节器原理

在 ASR 不起作用时,电磁阀 I 不通电。汽车在制动过程中如果车轮出现抱死,则 ABS 起作用,通过控制电磁阀 II 和电磁阀 III 来调节制动压力。

当驱动车轮出现滑转时,ASR 控制器使电磁阀 I 通电,阀移至右位,电磁阀 II 和电磁阀 III 不通电,阀仍在左位。于是,蓄压器的压力油通入驱动车轮制动轮缸,制动压力增大。

当需要保持驱动车轮的制动压力时,ASR 控制器使电磁阀 I 半通电,阀移至中位,隔断了蓄压器及制动主缸的通路,驱动车轮制动轮缸的制动压力被保持不变。

当需要减小驱动车轮的制动压力时,ASR 控制器使电磁阀 II 和电磁阀 III 通电,阀 II 和阀 III 移至右位,将驱动车轮制动轮缸与储液器接通,于是,制动压力下降。

如果需要对左右驱动车轮的制动压力实施不同的控制,ASR 控制器则分别对电磁阀 II 和电磁阀 III 实行不同的控制。

2. 副节气门装置

如图 11-14 所示,在发动机节气门体的前方,设置一个副节气门,其作用是在驱动防滑转控制中调节副节气门的开度,调节发动机的进气量,从而控制发动机的输出转矩。副节气门的开度由步进电机根据 ABS/ASR ECU 的指令进行控制。如图 11-15 所示为副节气门的工作状态,当 ASR 不工作时,副节气门全开,发动机进气量由主节气门进行控制;当 ASR 部分工作时,副节气门打开一定角度;当 ASR 完全工作时,副节气门完全关闭。

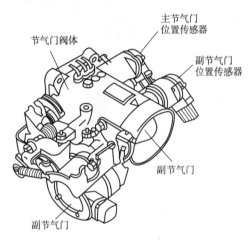

图 11-14 副节气门装置

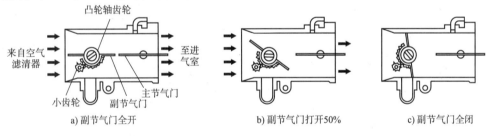

图 11-15 副节气门的工作状态

模块三 汽车电子稳定程序控制系统

汽车电子稳定程序的英文是 Electronic Stability Program,缩写为 ESP。但车型不同缩写有所不同。沃尔沃称其为 DSTC,宝马为 DSC,丰田为 VSC,其原理和作用基本相同。ESP 集成了 ABS、ASR 等系统的功能,在各种情况下都能提高汽车行驶的稳定性,属于汽车的主动安全系统。

一、ESP 的功用

ESP 整合了 ABS 和 ASR 的功能,并大大拓展了其功能范围,它可降低各种场合下发生侧滑的危险,并能自动采取措施通过有针对性地单独制动各个车轮,在紧急躲避障碍物或转弯时或出现不足转向或过度转向时,使车辆避免偏离理想轨迹。这样可使驾驶员操作轻松,汽车容易控制,减少交通事故。

二、ESP的控制方法

在高速行驶急转弯时,不带ESP系统的汽车会出现两种危险状况:一种是不足转向(有冲出弯道的倾向),如图11-16a)所示;另一种是过度转向(有甩尾的倾向),如图11-16b)所示。两者相比,过度转向是一种危险的不稳定状况,它可导致汽车急速旋转甚至翻车。

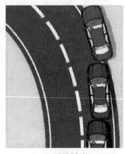
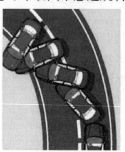

a) 不足转向　　　　　　　　　　b) 过度转向

图11-16　不带ESP的汽车高速转弯的情况

而带有ESP系统的汽车,可利用汽车上的制动系统使汽车能"转向",在允许的物理极限范围内,ESP系统通过控制车轮制动器的工作,使汽车在各种行驶状况下在车道内保持稳定行驶。ESP的控制方法,如图11-17所示,当ESP判定为不足转向时,ESP将制动内侧后轮,使车辆进一步沿驾驶员转弯方向偏转,从而稳定车辆;当ESP判定为出现过度转向时,ESP将制动外侧前轮,防止出现甩尾,并减弱过度转向趋势,稳定车辆。

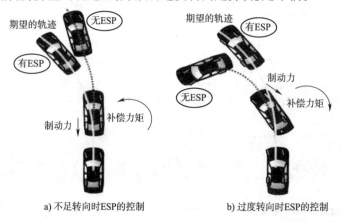

a) 不足转向时ESP的控制　　　　b) 过度转向时ESP的控制

图11-17　ESP的控制方法

三、ESP的组成

如图11-18所示,ESP系统也是由传感器、ECU及执行器3部分组成。

ESP是在ABS/ASR系统的基础上发展起来的,它是ABS和ASR的完善与补充,所以ESP的大部分控制部件与ABS/ASR系统共用。为了实现防止车轮侧滑功能,ESP在ABS/

ASR 的基础上,传感器部分增设了用于检测汽车状态的偏转率传感器、转向角传感器、横向/纵向加速度传感器及检测制动主缸压力的制动压力传感器。ESP ECU 增强了运算能力、增加了相应的信号处理电路、驱动放大电路和软件程序等,ESP ECU 一般都与 ABS/ASR ECU 组合为一体,称为 ABS/ASR/ESP ECU。执行器部分对液压通道进行了适当改进、直接利用 ABS/ASR 已有调节装置对制动力和发动机输出转矩进行调节。除此之外,还设置了 ESP 故障指示灯、ESP 蜂鸣器等指示与报警装置。

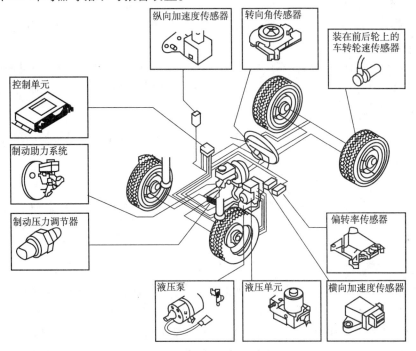

图 11-18　ESP 系统的组成

图 11-19 所示为丰田系列轿车 ESP(VSC)各控制部件的安装位置。

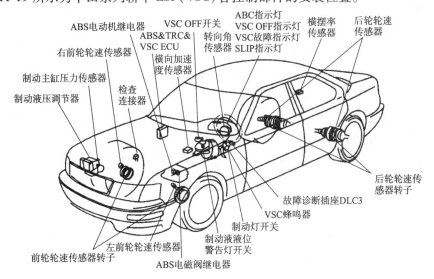

图 11-19　丰田系列轿车 VSC 控制部件安装位置

(一) 传感器

(1) 偏转率传感器(又称横摆率传感器或横摆角速度传感器),安装在汽车行李舱内、后轴上部中央位置,并与汽车车身中心垂直轴线平行,用于检测后轴绕车身中心垂直轴线旋转的角速度(横摆率)信号。

(2) 转向角传感器,用于检测转向盘的转角信号(包括转角的大小、方向和转动速率),这一信号反映了驾驶员的操作意图。

(3) 加速度传感器,有沿汽车前进方向的纵向加速度传感器和垂直于前方向的横向加速度传感器两种,分别用来检测汽车的纵向与横向加速度。

(4) 制动压力传感器,安装在制动主缸上,其功能是用于检测制动主缸内制动液的压力,计算制动力,控制预压力。为了最大限度地保证安全,有些系统采用了 2 个制动压力传感器。

(二) 电子控制单元(ECU)

ESP 系统一般与 ABS 系统共用电子控制单元,将 ABS/ASR 系统电子控制单元的功能进行扩展后再进行 ABS/ESP 控制。

(三) 执行器

在 ABS/ASR 系统执行器的基础上,改进了通往各车轮的液压通道,增加了 ESP 警告灯和 ESP 蜂鸣器等。

四、ESP 系统控制原理

ESP 系统的工作原理是利用传感器实时地检测驾驶员的行驶意图和车辆的实际行驶情况,其中转向角传感器用来收集驾驶员的转向意图;车轮转速传感器(每个车轮上都装有一个)、偏转率传感器、纵向/横向加速度传感器等用来监测车辆运动状况。ECU 根据各传感器的信号计算出车辆的实际运动轨迹,如果实际运动轨迹与理论运动轨迹(驾驶员意图)有偏差,或者检测出某个车轮打滑(丧失抓地能力),ECU 就会首先通知副节气门控制机构(或电子节气门)减小开度(收油),以减小发动机输出功率,并且控制制动系统对某个车轮进行制动,来修正运动轨迹,克服汽车高速行驶急转弯时会出现的转向不足或转向过度。当实际运动轨迹与理论运动轨迹相一致时,ESP 自动解除控制。

例如,当车辆转向不足时,ESP 系统会通过发动机控制系统主动地减小发动机的输出功率,并且对位于弯道内侧的后轮实施瞬间制动,防止车辆驶出弯道;当车辆转向过度时,ESP 系统同样通过发动机控制系统降低发动机的输出功率,并且对位于弯道外侧的前轮实施瞬间制动,防止产生过大的离心力。

由于 ESP 系统在高速过弯、高速避让、稳定性控制等方面的突出表现,使得该系统的装车率逐渐提高。

模块四 汽车电控动力转向系统

电控动力转向系统英文是 Electronic Control Power Steering,缩写为 EPS。电控动力转向系统在低速行驶时可使转向轻便、灵活;当汽车在中高速区域转向时,又能保证提供最优的动力放大分倍率和稳定的转向手感,从而提高高速行驶的操纵稳定性。

一、电控动力转向系统的类型

根据动力源的不同,电控动力转向系统可分为液压式电控动力转向系统和电动助力转向系统。

1. 液压式电控动力转向系统

液压式电控动力转向系统是在传统的液压动力转向系统的基础上增设了控制液体流量的电磁阀、车速传感器和ECU等,ECU可根据检测到的车速信号,控制电磁阀,使转向动力放大倍率实现连续可调,从而满足高、低速时的转向助力要求。

2. 电动助力转向系统

电动助力转向系统是利用直流电动机作为动力源,ECU根据各种转向参数信号,控制电动机转矩大小和方向。电动机的转矩通过减速机构减速增矩后,加在汽车的转向机构上,使之得到一个与工况相适应的转向作用力。

二、液压式电控动力转向系统的组成与工作原理

液压式电控动力转向系统是在传统液压式动力转向系统的基础上加装了转向助力电子控制装置。其主要优点是:在低速时,可以减轻转向力,以使汽车的转向轻便;在高速时,则可适当增大转向力,以改善路感,提高汽车的转向操纵稳定性。根据液压式电控动力转向系统的控制方式不同,主要分为流量控制式、反力控制式。

(一) 流量控制式EPS

1. 系统的组成与工作原理

这是一种通过车速传感器调节动力转向装置供应的压力油液,改变油液的输入输出流量,以控制转向力的方法。流量控制式动力转向装置的基本结构,如图11-20所示。图11-20所示为曾在日产蓝鸟轿车上使用的装置。其特点是在一般动力转向机构上增加旁通流量控制阀、控制器、车速传感器、转向角度传感器、控制开关。在油泵与转向机构之间设有旁通管路,在旁通管路中有设有旁通流量控制阀。依据来自车速传感器、转向角传感器和开关的信号,控制器按照车辆的行驶状态供应电流向旁通流量控制阀,通过油路的节流作用,控制旁通流量,从而调整转向器供油量。

当控制器、传感器、开关等电气系统发生故障时,安全保险装置能够确保与一般动力转向装置或手动转向装置同等的转向特性。

2. 优缺点

(1) 这种动力转向系统的优点是:在原来动力转向功能上再增加压力油液流量控制功能即可,可以降低价格,简化结构。

(2) 缺点是:当流向动力转向机构的压力油液降低到极限值时,将改变转向控制部分的刚度,使其下降到接近转向刚性。这样,在低供给油量区域内,对于快速转向会产生压力油量不足,降低了响应性。

(二) 反力控制式EPS

反力控制式动力转向系统是一种根据车速大小,控制反力室油压,从而改变输入、输出

增益幅度以控制转向力。其优点表现在：具有较大的选择转向力的自由度，转向刚度大，驾驶员能感受到路面情况，可以获得稳定的操作手感等。其缺点是结构复杂，且价格昂贵。

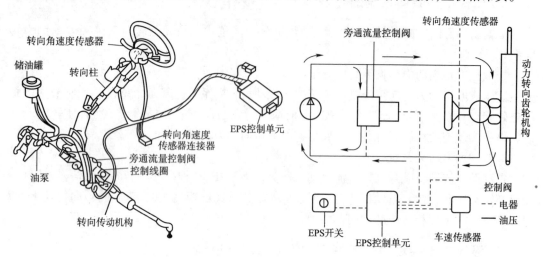

图11-20　日产蓝鸟轿车动力转向系统

1. 系统的组成

反力控制式EPS的组成，如图11-21所示。

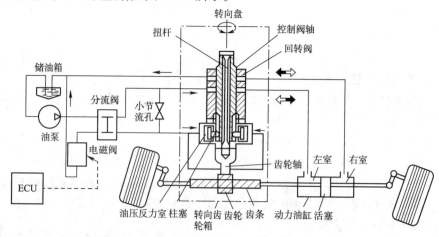

图11-21　反力控制EPS的组成

2. 工作原理

电子控制单元（ECU）根据从轮速传感器传来的输入信号，判断汽车处于停止状态还是处于低速行驶或高速行驶工况，对电磁阀线圈的电流进行线性控制，从而达到控制动力转向的目的。一般动力转向的控制形态有以下三种。

（1）低车速行驶时的控制。此时，流经电磁线圈的电流较大，经分流阀分流后的油液通过电磁阀返回到了储油箱。因此，作用在柱塞上的油压（油压反力室的压力）较小，柱塞作用在控制阀轴上的压力（反力）也就小，在转向盘的转向力作用下，扭杆就能产生较大的扭转变形。控制阀会随扭杆的扭转相对于驱动小齿轮固定在一起的回转阀转过一个角度，使两阀的接口相互连通，动力缸的右室（左室）就受到油泵油压的作用，驱动动力缸内的活塞向左

(右)移动,产生一个较大的辅助力,增大了转向力。

(2)高速直行时的控制。直行时,转向角较小,扭杆产生的变形也很小,回转阀与控制阀相互连通的接口开度也减小,使回转阀一侧的油压上升。由于分流阀的作用,此时,电磁阀一侧的油量会增加。另外,伴随着车速的提高,电磁阀线圈内的电流会减小,电磁阀节流开度也会缩小,使作用在油压反力室的反力油压增加,柱塞作用到控制阀轴上的压力也随之增大。因此,增加了转向操纵力,驾驶员的手感增强,从而可获得良好的转向路感。

(3)中高速转向时的控制。从中高速的直行状态开始转向时,扭杆的扭转角会进一步减小,回转阀与控制阀相连接的阀口开度也减小,使回转阀一侧的油压进一步升高。伴随着回转阀油压的进一步升高,通过固定节流孔的油液也供给到油压反力室。通过分流阀向油压反力室供给一定量的油液和通过固定节流孔的油液相加,就进一步加强了柱塞的压紧力,使得此时的转向力对应于转向角成线性增加,从而可获得在高速行驶时的稳定转向操纵感。

三、电动助力转向系统的组成与工作原理

(一)电动助力式转向系统的组成

电动助力式转向系统在不同车上的结构部件尽管不尽一样,但是基本原理是一致的。它主要由转矩传感器、车速传感器、电动机、减速机构和电子控制单元(ECU)等组成,如图11-22所示。

(二)电动助力式转向系统的工作原理

当汽车转向时,转矩传感器检测出驾驶员施加在转向盘上的操纵力矩,车速传感器检测出车辆当前的行驶速度,然后将这两个信号传递给ECU;ECU根据内置的控制策略,计算出理想的目标助力力矩,转化为电流指令传给电动机,电动机产生的助力力矩经减速机构放大作用在机械式转向系统上,与驾驶员的操纵力矩一起克服转向阻力矩,实现车辆的助力转向。

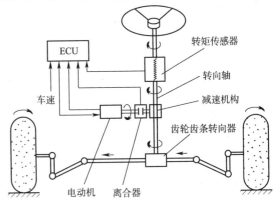

图11-22 电动助力式转向系统

(三)电动助力式转向系统的优点

与液压式EPS系统相比,电动式EPS系统有以下优点:

(1)结构紧凑、质量小。将电动机、减速机构、转向柱和转向器等各部件装配成一个整体,这样既无管道也无控制阀,质量一般比液压式动力转向系统轻25%。

(2)节省发动机动力。由于没有液压式动力转向所必需的常运转油泵,电动机只是在需要转向时才能接通电源转动,不转向时不工作,从而节约发动机动力。

(3)没有液压系统,不需要给油泵补充油,也不必担心漏油,工作更可靠。

(4)能根据不同的情况产生适合各种车速的动力转向,方向感更好,高速时更稳,即使在停车时驾驶员也可以获得最大的转向助力。汽车在行驶过程中,电子控制部分可调整电动机的反力,以改善"路感"。

模块五　汽车电子控制悬架系统

传统的悬架系统使用是定刚度弹簧和定阻尼系数减振器,只能适应特定的道路和行驶条件,无法满足变化莫测的路面情况和汽车行驶状况,只能被动地接受地面对车身的作用力,不能主动进行调节,称为被动悬架系统。

电子控制悬架系统英文是 Electronic Control Suspension System,缩写为 ECS。又称电子调节悬架系统(英文是 Electronic Modulated Suspension System,缩写为 EMS)。电子控制悬架系统能够通过控制和调节悬架的刚度和阻尼力,突破传统被动悬架的局限性,使汽车的悬架特性与道路状况和行驶状态相适应,从而使汽车的乘坐舒适性和操纵稳定性都得到满足。

一、电子控制悬架系统的功用

1. 车高调整

无论车辆的负载多少,都可以保持汽车高度一定,车身保持水平,从而使前大灯光束方向保持不变;当汽车在坏路面上行驶时,可以使车高升高,防止底盘与路面相碰;当汽车高速行驶时,又可以使车高降低,以便减少空气阻力,提高操纵稳定性。

2. 减振器阻尼力控制

通过对减振器阻尼系数的调整,防止汽车急速起步或急加速时车尾下蹲;防止紧急制动时的车头下沉;防止汽车急转弯时车身横向摇动;防止汽车换挡时车身纵向摇动等,提高行驶平顺性和操纵稳定性。

3. 弹簧刚度控制

与减振器一样,在各种工况下,通过对弹簧弹性系数的调整,来改善汽车的乘坐舒适性与操纵稳定性。

有些车型只有其中的一个或两个功能,而有些车型同时具有以上三个功能。

二、电子控制悬架系统的分类

(一)按有源和无源进行分类

电控悬架系统按有源和无源可分为半主动悬架和全主动悬架。

1. 半主动悬架

半主动悬架为无源控制,对悬架元件中的弹簧刚度和减振器阻尼力之一可以进行调节。根据汽车运行时的振动及行驶工况变化情况,对悬架阻尼参数进行自动调整。

2. 全主动悬架

全主动悬架又称主动悬架,是一种有源控制悬架,需要一个动力源(液压泵或空气压缩机等)为悬架系统提供连续的动力输入。主动悬架在汽车行驶过程中,根据行驶状况自动调整弹簧刚度和减振器阻尼以及前后悬架的匹配,抑制车身姿态变化,防止转弯、制动、加速等工况造成的车身姿态的改变,还可以根据路面起伏、车速高低、载荷大小自动控制车身高度变化,确保汽车行驶平顺性和操纵稳定性。

(二)按传力介质的不同进行分类

电控悬架系统按传力介质的不同,可分为油气式和空气式两种。

1. 油气式电控悬架

油气式电控悬架系统是以油为介质压缩气室中的氮气,实现刚度调节,以液压管路中的小孔节流形成阻尼特性。

2. 空气式电控悬架

空气式电控悬架系统是采用空气弹簧,通过改变空气弹簧中的主、副空气室的通气孔的截面积来改变气室压力,以实现悬架刚度控制,并通过对空气弹簧气室的充气或排气实现汽车高度控制。

(三)按悬架调节的方式不同进行分类

电控悬架系统按悬架调节的方式不同可分为有级调节式悬架和无级调节式悬架。

1. 有级调节式悬架

有级调节式悬架是指由驾驶员手动选择或 ECU 根据各传感器的信号自动选择,将悬架的阻尼/刚度分为 2~3 级进行调整的悬架系统。

2. 无级调节式悬架

无级调节式悬架系统的阻尼/刚度从最小到最大可实现连续调整。

三、电控主动悬架系统的组成与工作原理

主动悬架系统主要由传感器、电子控制器、悬架刚度与阻尼及高度调整执行机构等组成。不同类型的主动式悬架其组成部件不尽相同,典型空气主动式悬架的组成及在车上布置,如图 11-23 所示。

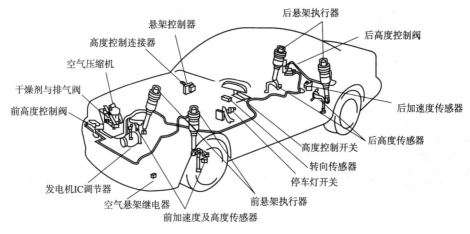

图 11-23 空气主动悬架系统的组成与布置

(一)传感器

1. 车身高度传感器

车身高度传感器的作用是检测汽车行驶时车身高度的变化情况,将车身与车桥之间的相对高度变化(悬架变形量的变化)转换成电信号并送给悬架 ECU。

2. 转向盘转角传感器

转向盘转角传感器安装在转向轴上,用于检测转向盘的中间位置、转动方向、转动角度和转动速度。在电子控制悬架系统中,电子控制单元根据车速传感器信号和转向盘转角传感器信号,判断汽车转向时侧向力的大小和方向,以控制车身的侧倾,提高操纵稳定性。

3. 加速度传感器

当车轮打滑时,不能以转向角和汽车车速来判断车身侧向力的大小。这时可利用加速度传感器直接测出车身横向加速度和纵向加速度。横向加速度传感器主要用于检测汽车转向时,汽车因离心力的作用而产生的横向加速度,并将产生的电信号输送给电子控制单元,使电子控制单元能判断悬架系统的阻尼改变的大小及空气弹簧中空气压力的调节情况,以维持车身的最佳姿势。

4. 节气门位置传感器

悬架控制系统中利用节气门位置传感器信号来判断汽车是否在进行急加速。节气门位置传感器先将信号输入发动机电子控制装置,然后,发动机电子控制装置再将此信号输入悬架电子控制装置。

5. 车速传感器

车速是汽车悬架系统常用的控制信号,汽车车身的侧倾程度取决于车速和汽车转向半径的大小。通过对车速检测,来调节电控悬架的阻尼力,从而改善汽车行驶的安全性。

6. 模式选择开关

模式选择开关位于变速器操纵手柄旁,驾驶员可根据汽车的行驶状况和路面选择悬架的运行模式,从而决定减振器的阻尼力大小。

驾驶员通过操纵模式选择开关,可使悬架系统工作在四种运行模式:自动、标准(Auto、Normal);自动、运动(Auto、Sport);手动、标准(Manual、Normal);手动、运动(Manual、Sport)。当选择自动挡时,悬架系统可以根据汽车行驶状态自动调节减振器的阻尼力,以保证汽车乘坐舒适性和操纵稳定性。当选择手动挡时,悬架系统的阻尼力只有标准(中等)和运动(硬)两种状态的转换。

7. 高度控制开关

高度控制开关用来选择汽车高度,一般有 NORM 和 HIGH 两种模式,ECU 检测高度控制开关的状态并相应地使汽车高度上升和下降,有的汽车还有高度控制 ON/OFF 开关,用于停止车身高度控制。

8. 制动灯开关

当踩下制动踏板时,制动灯开关接通,ECU 接收这个信号作为防点头控制的一个起始状态。

(二)电子控制单元(ECU)

悬架电子控制单元接收各传感器、开关输入的信号,通过运算处理,发出控制指令,控制悬架执行器工作,保持车辆的平顺性和操纵稳定性。ECU 还具有故障检测及保护等功能。

(三)执行机构

1. 可调阻尼力减振器

当减振器的回转阀工作时,可调节减振器阻尼力的大小,使减振器工作在"硬"、"中"和

"软"三种状态。

2. 空气悬架刚度调节装置

空气悬架的上端与车身连接,下部与车轮相连。悬架的内部腔室被分为两部分,即主气室和副气室,主、副气室之间设有气体通道。当车身与车轮之间产生相对运动时,空气阀工作,使主气室的容积便发生变化,压力也发生变化,主、副气室之间的气体便相互流动。通过改变主、副气室之间通道截面积的大小,可以改变主气室被压缩的空气量,进而使空气悬架的刚度随之变化。悬架刚度可以在低、中、高三种状态间变化。

3. 悬架控制执行器

可调阻尼减振器的回转阀及刚度调节装置的空气阀的工作是由悬架控制执行器根据电控单元输出的指令进行控制,悬架控制执行器主要由步进电动机、小齿轮、扇形齿轮、刚度调节杆、阻尼调节杆等组成,如图 11-24 所示。步进电机通过齿轮机构驱动刚度调节杆及阻尼调节杆转动,进而带动阻尼调节的回转阀及刚度调节的空气阀转动。

4. 车身高度控制执行机构

车身高度控制是指根据乘员人数、装载质量和汽车的状态自动调节汽车车身高度。空气主动悬架通过向空气弹簧的主气室内充放气来实现车身高度的调节。

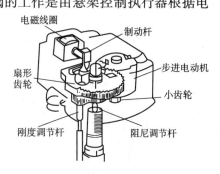

图 11-24　悬架控制执行器结构

思考练习题

一、填空题

1. ABS 是在制动过程中通过调节＿＿＿＿＿＿的制动压力,使作用于车轮的制动力矩受到控制,而将车轮的＿＿＿＿＿＿控制在较为理想的范围之内。

2. ABS 系统主要由＿＿＿＿＿＿传感器、＿＿＿＿＿＿、＿＿＿＿＿＿及 ABS 警告灯等组成。

3. ABS 工作时,其制动压力调节器的工作分为＿＿＿＿＿＿、＿＿＿＿＿＿和＿＿＿＿＿＿三个过程。

4. ASR 指的是＿＿＿＿＿＿系统,ESP 是指＿＿＿＿＿＿系统。

5. ABS、ASR、ESP 系统都必须用的传感器是＿＿＿＿＿＿。

6. 电动转向系统是利用＿＿＿＿＿＿作为动力源,电子控制单元主要根据＿＿＿＿＿＿传感器和＿＿＿＿＿＿传感器的信号,控制电动机转矩的大小和方向。

7. 电动转向系统中,转矩传感器的作用是＿＿＿＿＿＿。

8. 根据阻尼系数和刚度是否可调,悬架分为＿＿＿＿＿＿和＿＿＿＿＿＿两种。

9. 电控主动悬架系统可实现＿＿＿＿＿＿、＿＿＿＿＿＿和＿＿＿＿＿＿的调节。

10. 车身高度传感器的作用是＿＿＿＿＿＿。

二、选择题

1. 装有 ABS 系统的汽车,在制动过程中车轮滑移率能保持在(　　)的范围内,可获得良好的制动性能。

A. 5%~15%　　　　B. 10%~30%　　　　C. 30%~40%　　　　D. 80%~100%

2. 对于二位二通电磁阀式的 ABS 压力调节器,下面说法不正确的是(　　)。
   A. 每个控制通道的压力均由一个常开电磁阀和一个常闭电磁阀协同控制
   B. ABS 增压阶段,进液电磁阀通电和出液电磁阀断电
   C. ABS 保压阶段,进液电磁阀通电和出液电磁阀断电
   D. ABS 减压阶段,进液电磁阀和出液电磁阀均通电,同时回液泵也通电运转

3. 下列说法正确的是(　　)。
   A. 制动时,制动踏板有轻微的振动,则说明 ABS 工作不正常
   B. 行驶中若出现 ABS 灯点亮,则说明制动系统已完全失效
   C. 行驶中发现红色的 BREAK 灯亮时,应停车检查制动液是否充足
   D. ABS 失效后也就意味着车辆无法进行制动

4. 关于 ABS 的优点说法不正确的是(　　)。
   A. 制动时可保持转向控制能力　　　　B. 制动时保持方向稳定性
   C. 明显缩短制动距离,可减小车距行驶　　D. 减少轮胎磨损,提高轮胎使用寿命

5. 英文缩写 EBD 指的是(　　)。
   A. 制动力分配系统　　　　　　　　B. 驱动防滑系统
   C. 电子稳定系统　　　　　　　　　D. 电动转向系统

6. 对于安装有反力控制式 EPS 的汽车,当车辆在高速区域转向时,(　　)。
   A. 电磁阀开口面积减小　　　　　　B. 油压反力室的油压降低
   C. 驾驶员失去良好的转向手感　　　D. 以上答案均不对

7. 对于电动式电控动力转向系统,下列说法不正确的是(　　)。
   A. 该系统利用转矩传感器作为电动助力的依据
   B. 该系统相对液压式电控转向而言,更轻量化
   C. 该系统具备故障自诊断功能
   D. 该系统没有手动控制转向装置

8. 对于主动悬架系统说法不正确的是(　　)。
   A. 系统有源　　　　　　　　　　　B. 悬架刚度和阻尼力可调
   C. 系统无源　　　　　　　　　　　D. 车身高度可调

9. 装备电控悬架的汽车,在凹凸不平的路面上高速行驶时,会自动提高汽车的(　　)。
   A. 制动性能　　B. 通过性能　　C. 加速性能　　D. 经济性能

10. 安装有电控空气悬架的汽车,在转向时(　　),以抑制车身侧倾。
    A. 悬架刚度和阻尼变小
    B. 悬架刚度和阻尼变大
    C. 悬架刚度和阻尼变大的同时还降低车身
    D. 悬架刚度和阻尼不变化

三、判断题(对的打"√",错的打"×")
1. 评价制动性能的指标主要有制动效能和制动稳定性。　　　　　　　　(　　)
2. 车轮抱死时将导致制动时汽车稳定性变差。　　　　　　　　　　　　(　　)

3. 轮速越高其轮速传感器信号频率越高。（　　）
4. 装有 ABS 的汽车其制动距离总是小于未装 ABS 汽车的制动距离。（　　）
5. 制动压力调节器的功用是接受 ECU 的指令，通过电磁阀的动作来实现车轮制动器制动压力的自动调节。（　　）
6. 行驶中发现仪表内 ABS 警告灯点亮，说明 ABS 正在工作。（　　）
7. 驱动防滑控制系统可以在汽车加速过程防止驱动轮打滑，以保持汽车行驶方向的稳定性。（　　）
8. 驱动防滑控制系统中，作用在车轮上的制动力是通过驾驶员踩下制动踏板得到的。（　　）
9. ASR 处于防滑转调节时，如踩下制动踏板进行制动，ASR 将不起作用。（　　）
10. 动力转向系统的转向助力越大越好。（　　）
11. 流量控制式 EPS 是一种根据车速传感器信号调节动力转向装置中油液的输入、输出流量，以控制转向助力大小的方法。（　　）
12. 反力控制式动力向系统是根据车速控制电磁阀，直接改变动力转向控制阀的油压增益来控制转向助力的大小。（　　）
13. 动力转向系统发生故障或失效时，仍可进行人工的机械转向。（　　）
14. 半主动悬架系统可主动调节悬架的刚度、阻尼力及车身高度。（　　）
15. 全主动悬架系统可在车辆进行起步、转向、制动等行驶工况主动调节悬架的刚度及阻尼，以提高乘坐的舒适性。（　　）
16. 空气弹簧主、副气室间空气的流动是由单向阀控制的。（　　）

四、问答题

1. 与传统制动系统相比，采用 ABS 有哪些优点？
2. 简述 ABS 系统基本组成部件和各部件的作用。
3. 简述电控 ABS 的工作原理。
4. 简述制动压力调节器的工作原理。
5. 简述驱动防滑控制系统的功能。
6. 驱动防滑控制系统的控制方式有哪些？
7. 简述 ASR 的基本组成及工作原理。
8. 汽车电子稳定系统的作用是什么？
9. 汽车电子稳定系统由哪些部件组成？各分件的基本作用是什么？
10. 简述反力式电控动力转向系统的工作原理。
11. 简述流量式电控动力转向系统的工作原理。
12. 简述电动式转向系统的组成、原理与特点。
13. 电控悬架系统的控制功能有哪些？
14. 简述空气弹簧刚度调节的基本原理。
15. 简述可调减振器的工作原理。
16. 简述空气悬架系统车身高度控制的工作原理。

参 考 文 献

[1] 周建平. 汽车电气设备构造与维修[M]. 北京:人民交通出版社,2010.
[2] 凌永成. 汽车电气设备[M]. 北京:北京大学出版社,2010.
[3] 凌永成. 于京诺. 汽车电子控制技术[M]. 2版. 北京:北京大学出版社,2011.
[4] 于京诺. 汽车底盘及车身电控系统维修[M]. 北京:机械工业出版社,2011.
[5] 赵福堂. 汽车电器与电子设备[M]. 3版. 北京:北京理工大学出版社,2009.
[6] 袁辉,邓妹纯. 汽车舒适与安全系统检修[M]. 北京:人民交通出版社,2010.